AF439014

LA THEBAYDE

OV

LES FRERES ENNEMIS.

TRAGEDIE.

A AMSTELDAM,

Chez Raphael Smith.

M. D. C. LXV.

A MONSEIGNEVR

LE DVC

DE S· AIGNAN

PAIR DE FRANCE.

MONSEIGNEVR,

Ie vous presente un Ouurage qui n'a
peut-estre rien de considerable que l'hôneur
de vous auoir plû. Mais veritablement
cet honneur est quelque chose de si grand
pour moy, que quand ma Piece ne m'auroit
produit que cet auantage, je pourrois dire
que sõ succez auroit passé mes esperances.
Et que pouuois-je esperer de plus glorieux
que l'approbation d'vne personne qui sçait
donner aux choses vn si juste prix, & qui
est luy-mesme l'admiratiõ de tout le monde? Aussi, MONSEIG si la Thebayde
a receû quelques applaudissemens, c'est à

doute qu'on n'a pas osé démentir le juge-
mēt que vous auez donné en sa faueur, &
il sēble que vous luy ayez communiqué ce
don de plaire qui accompagne toutes vos
actions. I'espere qu'estāt depoüillée des or-
nemens du Theâtre, vous ne laisserez pas
de la regarder encore fauorablemēt. Si cela est, quelques ennemis qu'elle puisse auoir
ie n'apprehende rien pour elle, puis qu'elle
sera asseurée d'vn Protecteur, que le
nombre des ennemis n'a pas accoûtumé
d'ébranler. On sçait, MONSEIG. que
si vous auez vne parfaite connoissance des
belles choses, vous n'entreprenez pas les
grandes auec vn courage moins éleué, &
que vous auez réüny en vous ces deux ex-
cellentes qualitez qui ont fait separément
tant de grands hōmes. Mais ie dois craindre que mes loüanges ne vous soient aussi
importunes que les vostres m'ōt esté auan-

EPISTRE.

ageuſes : Auſſi bien ie ne vous dirois que des choſes qui ſont connuës de tout le monde, & que vous ſeul voulez ignorer. Il ſuffit que vous me permettiez de vous dire auec vn profond reſpect, que ie ſuis,

MONSEIGNEVR,

Voſtre tres-humble, & tres-obeyſſant Seruiteur,   RACINE.

ACTEVRS.

ETEOCLE, Roy de Thebes.
POLINICE, Frere d'Eteocle.
IOCASTE, Mere de ces deux Princes & d'Antigone.
ANTIGONE, Sœur d'Eteocle & de Polinice.
CREON, Oncle des Princes, & de la Princeſſe.
HEMON, Fils de Creon, Amant d'Antigone.
OLYMPE, Confidente d'Iocaste.
ATTALE, Confident de Creon.
VN SOLDAT Grec. Vn Page, & des Gardes.

La Scene eſt à Thebes dans vne Salle du Palais Royal.

LA THEBAYDE
OV
LES FRERES
ENNEMIS.

ACTE I.

SCENE PREMIERE.

IOCASTE, OLYMPE.

IOCASTE.

ILs font fortis, Olympe ? Ah mortelles douleurs?
Qu'vn moment de repos me va couſter de pleurs!
Mes yeux depuis ſix mois eſtoient ouuerts aux larmes,
Et le ſommeil les ferme en de telles allarmes?
Il deuoit bien plûtoſt les fermer pour jamais,
Que de fauoriſer le plus noir des forfaits.
Mais en ſont-ils aux mains.　　OLYMPE.
　　　　　　Du haut de la muraille,
Ie les ay veus déja tous rangés en bataille,
I'ay veu déja le fer briller de toutes parts,
Et pour vous auertir, j'ay quitté les rempars.
I'ay veu le fer en main Etéocle luy-meſme;
Il marche des premiers, & d'vne ardeur extréme

Il montre aux plus hardis à braver le danger.
IOCASTE.
N'en doutons plus , Olympe , ils se vont égorger,
à vn Page.
Que l'on aille au plus viste auertir la Princesse,
Ie l'attens. Iuste Ciel ! souftenez ma foiblesse,
Il faut , il faut courir aprés ces inhumains,
Il les faut separer, ou mourir par leurs mains.
Nous voicy donc , Olympe , à ce iour detestable,
Dont la seule frayeur me rendoit miserable,
Ny prieres , ny pleurs ne m'ont de rien seruy,
Et le couroux du sort vouloit estre assouuy.
O toy , qui que tu sois qui reus le iour au monde,
Que ne l'as-tu laissé dans vne nuit profonde?
A de si noirs forfaits prestes-tu tes rayons,
Et peus-tu sans horreur voir ce que nous voyons?
Mais ces Monftres, helas ! ne t'épouuentent gueres,
Le seul sang de Lajus les a rendus vulgaires;
Tu peus voir sans frayeur les crimes de mes Fils,
Aprés ceux que le Pere & la Mere ont commis:
Tu ne t'eftonne pas si mes Fils font perfides,
S'ils font tous deux méchans , & s'ils font parricides,
Tu sçais qu'ils font sortis d'vn sang incestueux;
Et tu t'eftonnerois s'ils estoient vertueux.
Ce sang en leur donnant la lumiere celeste,
Leur donna pour le crime vne pente funeste,
Et leurs cœurs infectez de ce fatal poison,
S'ouurirent à la haine auant qu'à la raison.

SCENE   II.
IOCASTE, ANTIGONE, OLYMPE.
IOCASTE.
MA Fille, auez-vous sçeu l'excez de nos miseres?
ANTIGONE
Ouy, Madame on m'a dit la fureur de mes Freres.

IOCASTE.

Allons, chere Antigone, allons tout de ce pas,
Arrester s'il se peut leur parricide bras,
Allons leur faire voir ce qu'ils ont de plus tendre;
Voyons si contre nous ils pourront se defendre,
Et s'ils oseront bien dans leur noire fureur
Respandre nostre sang pour attaquer le leur.

ANTIGONE.

Madame, c'en est fait, voicy le Roy luy-mesme.

SCENE   III.

IOCASTE, ANTIGONE, ETEOCLE, OLYMPE.

IOCASTE.

OLympe, soustiens moy, ma douleur est extréme.

ETEOCLE.

Madame, qu'auez-vous ? & quel mal si caché....

IOCASTE.

Ah ! mon fils, de quel sang estes vous là taché?
Est-ce de vostre Frere, ou n'est-ce point du vostre?

ETEOCLE.

Non Madame, ce n'est ny de l'vn ny de l'autre,
Polinice à mes yeux ne s'est point presenté,
Et l'on s'est peu battu d'vn & d'autre costé.
Seulement quelques Grecs d'vn insolent courage,
M'ayant osé d'abord disputer le passage,
I'ay fait mordre la poudre à ces audacieux,
Et leur sang est celuy qui paroist à vos yeux.

IOCASTE.

Mais pourquoy donc sortir auecque vostre Armée,
Quel est ce mouuement qui m'a tant alarmée?

ETEOCLE.

Madame, il estoit temps que j'en vsasse ainsi,
Et ie perdrois ma gloire à demeurer icy.
Ie n'ay que trop languy derrire vne muraille,
Ie brûlois de me voir en vn champ de bataille,

Lors que l'on peut paroiſtre au milieu des hazards,
Vn grand cœur eſt honteux de garder des remparts.
I'eſtois las d'endurer que le fier Polinice
Me reprochaſt tout haut cet indigne exercice,
Et criaſt aux Thebains, afin de les gaigner,
Que ie laiſſois aux fers ceux qui me font regner.
Le peuple à qui la faim ſe faiſoit déja craindre,
De mon peu de vigueur commençoit à ſe plaindre,
Me reprochant déja qu'il m'auoit couronné,
Et que i'occupois mal le rang qu'il m'a donné,
Il le faut ſatisfaire, & quoy qu'il en arriue,
Thebes dés aujourd'huy ne ſera plus captiue.
Ie veux, en n'y laiſſant aucuns de mes ſoldats,
Qu'elle ſoit ſeulement juge de nos combats.
I'ay des forces aſſez pour tenir la campagne,
Et ſi quelque bon-heur nos armes accompagne,
L'inſolent Polinice & les Grecs orgueilleux,
Laiſſeront Thebes libre, ou mourront à ſes yeux.

IOCASTE.

Vous preſerue le Ciel d'vne telle Victoire,
Thebes ne veut point voir vne action ſi noire,
Laiſſez là ſon ſalut & n'y ſongez jamais;
La Guerre vaut bien mieux que cette affreuſe Paix.
Dure-t'elle à jamais cette cruelle Guerre,
Dont le flambeau fatal deſole cette terre.
Prolongez nos mal-heurs, augmentez-les toûjours,
Pluſtoſt qu'vn ſi grand crime en arreſte le cours.
Vous-méme d'vn tel ſang ſoüilleriez-vous vos armes?
La Couronne pour vous a-t'elle tant de charmes?
Si par vn parricide il la falloit gaigner,
Ah! mon Fils, à ce prix voudriez-vous regner?
Mais il ne tient qu'à vous ſi l'honneur vous anime,
De nous donner la Paix, ſans le ſecours d'vn crime
Vous pouuez vous montrer genereux tout à fait,
Contenter voſtre Frere, & regner en effet.

ETEOCLE.

ETEOCLE.

Appellez-vous regner luy ceder ma Couronne,
Quand le sang & le peuple à la fois me la donne?
IOCASTE.

Vous sçauez bien, mon fils, que le choix & le sang
Luy donnent comme à vous sa part à ce haut rang.
Oedipe en acheuant sa triste destinée
Ordonna que chacun regneroit son année,
Et n'ayant qu'vn Estat à mettre sous vos Lois,
Il voulut que tous deux vous en fussiez les Rois.
A ces conditions vous voulustes souscrire,
Le sort vous appella le premier à l'Empire,
Vous montastes au Trosne, il n'en fut point jaloux,
Et vous ne voulez pas qu'il y monte aprés vous?
ETEOCLE.

Il est vray, ie promis, ce que voulut mon Pere,
Pour vn Trosne est-il rien qu'on refuse de faire?
On promet tout, Madame, afin d'y paruenir,
Mais on ne songe aprés qu'à s'y bien maintenir.
I'estois alors sujet, & dans l'obeyssance,
Et ie tiens aujourd'huy la suprême puissance:
Ce que ie fis alors ne m'est plus vne Loy
Le deuoir d'vn Sujet n'est pas celuy d'vn Roy.
D'abord que sur sa teste il reçoit la Couronne,
Vn Roy sort à l'instant de sa propre personne,
L'interest du public doit deuenir le sien,
Il doit tout à l'Estat, & ne se doit plus rien.
IOCASTE.

Au moins doit-il, mon Fils, quelque chose à sa gloire,
Dont le soin ne doit pas sortir de sa memoire.
Et quand ce nouueau rang l'affranchiroit des lois,
Au moins doit-il tenir sa parole à des Rois.
ETEOCLE.

Polinice à ce titre auroit tort de pretendre,
Thebes sous son pouuoir n'a point voulu se rendre,
Et lors que sur le Trosne il s'est voulu placer,

C'eſt elle & non pas moy qui l'en a ſçeu chaſſer,
Thebes doit-elle moins redouter ſa puiſſance,
Aprés auoir ſix mois ſenty ſa violence?
Voudroit-elle obeyr à ce Prince inhumain,
Qui vient d'armer contr'elle & le fer & la faim?
Prendroit-elle pour Roy l'Eſclaue de Mycéne
Qui pour tous les Thebains n'a plus que de la haine,
Qui s'eſt au Roy d'Argos indignement ſoûmis.
Et que l'Hymen attache à nos fiers ennemis?
Lors que le Roy d'Argos l'a choiſi pour ſon Gendre,
Il eſperoit par luy de voir Thebes en cendre,
L'amour eut peu de part à cet Hymen honteux,
Et la ſeule fureur en alluma les feux.
Thebes m'a couronné pour éuiter ſes chaiſnes;
Elle s'attend par moy de voir finir ſes peines.
Il la faut accuſer ſi ie manque de Foy,
Et ie ſuis ſon Captif, ie ne ſuis pas ſon Roy.

IOCASTE.

Dites, dites pluſtoſt, cœur ingrat & farouche,
Qu'aprés du Diadême il n'eſt rien qui vous touche;
Mais ie me trompe encor ce rang ne vous plaiſt pas:
Et le crime tout ſeul a pour vous des appas.
Hé! bien, puis qu'à ce point vous en eſtes auide,
Ie vous offre à commettre vn double parricide,
Verſez le ſang d'vn Frere : Et ſi c'eſt peu du ſien,
Ie vous inuite encor à reſpandre le mien.
Vous n'aurez plus alors d'ennemis à ſouſmettre,
D'obſtacle à ſurmonter ny de crime à commettre,
Et n'ayant plus au Troſne vn faſcheux concurrent,
De tous les crimenels vous ſerez le plus grand.

ETEOCLE.

Hé bien, Madame, hé bien, il faut vous ſatisfaire,
Il faut ſortir du Troſne & couronner mon frere,
Il faut pour ſeconder voſtre injuſte projet
De ſon Roy que j'eſtois deuenir ſon ſujet.
Et pour vous éleuer au comble de la joye,

Il faut à sa fureur que ie me liure en proye.
Il faut par mon trépas . . .   IOCASTE.
                    Ah Ciel ! quelle rigueur,
Que vous penetrez mal dans le fonds de mon cœur!
Ie ne demande pas que vous quittiez l'Empire,
Regnez tousiours , mon Fils , c'est ce que ie desire.
Mais si tant de mal-heurs vous touchent de pitié,
Si pour moy vostre cœur garde quelque amitié,
Et si vous prenez soin de vostre gloire mesme,
Associez vn Frere à cet honneur supréme;
Ce n'est qu'vn vain éclat qu'il receura de vous,
Vostre regne en sera plus puissant & plus doux.
Les Peuples admirans cette vertu sublime,
Voudront tousiours Pour Prince vn Roy si magnanime
Et cet illustre effort , loin d'affoiblir vos droits,
Vous rendra le plus juste & le plus grand des Rois.
Ou s'il faut que mes vœux vous trouuent inflexible,
Si la Paix à ce prix vous paroist impossible,
Et que le Daidéme ait pour vous tant d'attraits,
Au moins consolez-moy de quelque heure de Paix,
Accordez quelque treue à ma douleur amere,
Et cependant , mon Fils , i'iray voir vostre Frere,
La pitié dans son ame aura peut-estre lieu,
Ou du moins pour jamais i'iray luy dire Adieu.
Dés ce mesme moment permettez que ie sorte,
I'iray jusqu'à sa tente , & i'iray sans escorte,
Dans cette occasion rien ne peut m'émouuoir.
                    ETEOCLE.
Madame, sans sortir vous le pouuez bien voir.
Et si cette entreueuë a pour vous tant de charmes,
Il ne tiendra qu'à luy de suspendre nos armes.
Vous pouuez dés cette heure accomplir vos souhaits,
Et le faire venir jusque dans ce Palais
Ie feray plus encore , & pour faire connoistre,
Qu'il a tort en effet de me nommer vn traistre,
Et que ie ne suis pas vn tyran odieux,

                              B 2

Que l'on faſſe parler & le peuple & les Dieux.
Si le peuple le veut , ie luy cede ma place,
Mais qu'il ſe rende auſſi ſi le Peuple le chaſſe,
Ie ne force perſonne , & j'engage ma foy
De laiſſer aux Thebains à ſe choiſir vn Roy.

SCENE   IV.

IOCASTE, ETEOCLE, ANTIGONE, CREON, OLYMPE.

CREON, au Roy.

SEigneur , voſtre ſortie a mis tout en allarmes ,
Thebes qui croit vous perdre eſt déja toute en lar-
L'épouuée & l'horreur regnent de toutes pars, (mes,
Et le Peuple effrayé tremble ſur ſes remarps.

ETEOCLE.

Cette vaine frayeur ſera bien-toſt calmée.
Madame , ie m'en vais retrouuer mon Armée,
Cependant vous pouuez accomplir vos ſouhaits,
Faire entrer Polinice , & luy parler de Paix.
Creon , la Reyne icy commande en mon abſence,
Diſpoſez tout le monde à ſon obeyſſance,
Laiſſez pour receuoir & pour donner ſes loys,
Voſtre Fils Ménécée , & j'en ay fait le choix
Comme il a de l'honneur autant que du courrge,
Ce choix aux Ennemis oſtera tout ombrage.
Et ſa vertu ſuffit pour les rendre aſſurez,
Commandez luy , Madame.   à Creon.
                              Et vous, vous me ſuiurez.

CREON.

Quoy Seigneur . . .   ETEOCLE.
                    Ouy Créon , la choſe eſt reſoluë.

CREON.

Et vous quittez ainſi la puiſſance abſoluë?

ETEOCLE.

Que ie la quitte ou non ne vous tourmeutez pas,

Faites ce que j'ordonne , & venez sur mes pas.

SCENE V.

IOCASTE, ANTIGONE, CREON, OLYMPE.

CREON.

QV'auez-vous fait, Madame, & par quelle côduite
Forcez vous vn Vainqueur à prédre ainsi la fui-
Ce conseil va tout perdre.   (te?

IOCASTE.   Il va tout conseruer,

Et par ce seul conseil Thebes le peut sauuuer.

CREON.   (mes,

Et quoy , Madame , & quoy, dans l'estat où nous som-
Lors qu'auec vn renfort de plus de six mille hommes,
La Fortune promet toutes choses aux Thebaius,
Le Roy se laisse oster la Victoire des mains.

IOCASTE.

La Victoire Creon n'est pas tousiours si belle,
La honte & les remords vont souuent aprés elle,
Quand deux Freres armez vont s'égorger entr'eux,
Ne les pas separer , c'est les perdre tous deux.
Peut-on faire au Vainqueur vne injure plus noire,
Que luy laisser gaigner vne telle Victoire

CREON.

Leur couroux est trop grand. . . .   IOCASTE.

Il peut estre adoucy.

CREON.

Tous deux veulent regner.   IOCASTE.

Ils regneront aussi.

CREON.

On ne partage point la grandeur souueraine :
Et ce n'est pas vn bien qu'on quitte & qu'on reprenne.

IOCASTE.

L'interest de l'Estat leur seruira de Loy.

CREON.

L'interest de l'Estat est de n'auoir qu'vn Roy,

Qui d'vn ordre constant gouuernant ses Prouinces,
Accoustume à ses Loys & le Peuple & les Princes.
Ce regne interrompu de deux Rois differens,
En luy donnant deux Rois luy donne deux Tyrans.
Vous les verriez toussiours l'vn à l'autre contraire,
Destruire aueuglé ment ce qu'auroit fait vn Frere,
L'vn sur l'autre toussiours former quelque attentat,
Et changer tous les ans la face de l'Estat.
Ce terme limité que l'on veut leur prescrire,
Accroist leur violence en bornant leur Empire,
Tous deux feront gemir les Peuples tour à tour,
Pareils à ces torrens qui ne durans qu'vn jour,
Plus leur cours est borné, plus ils font de rauage,
Et par de grands degasts signalent leur passage.

IOCASTE.

On les verroit plûtost par d'illustres projets,
Se disputer tous deux l'amour de leurs sujets.
Mais auoüez, Creon, que toute vostre peine,
C'est de voir que la Paix rend vostre attente vaine,
Et qu'en vous esloignant du Trosne où vous tendez,
Elle rend pour jamais vos desseins auortez.
Comme aprés mes enfans le droit de la naissance,
Fait tomber en vos mains la suprême puissance,
Le sang qui vous vnit aux deux Princes mes Fils,
Vous fait trouuer en eux vos plus grands ennemis;
Et vostre ambition qui tend à leur Fortune,
Vous donne pour tous deux vne haine commune;
Vous inspirez au Roy vos conseils dangereux,
Et vous en seruez vn pour les perdre tous deux.

CREON

Ie ne me repais point de pareilles chimeres,
Mes respects pour le Roy sont ardens & sinceres,
Et mon ambition est de le maintenir
Au Trosne où vous croyez que ie veux paruenir.
Le soin de sa grandeur est le seul qui m'anime,
Ie hay ses ennemis, & c'est là tout mon crime;

Ie ne m'en cache point, mais à ce que ie voy,
Chacun n'est pas icy criminel comme moy.
IOCASTE.
Tant que pour enneny le Roy n'aura qu'vn Frere,
Sa personne, Creon, me sera toûjours chere,
De lasches Courtisans peuuent bien le hayr,
Mais vne Mere enfin ne peut pas se trahir.
ANTIGONE.
Vos interests icy sont conformes aux nostres,
Les ennemis du Roy ne sont pas tous les vostres,
Creon, vous estes Pere, & dans ces ennemis,
Peut-estre songez-vous que vous auez vn Fils;
On sçait de quelle ardeur Hémon sert Polinice.
CREON.
Ouy, ie le sçais, Madame, & ie luy fais justice.
Ie le dois en effet distinguer du commun;
Mais c'est pour le haïr encor plus que pas vn;
Et ie souhaiterois dans ma juste colere,
Que chacun le haïst comme le hait son Pere.
ANTIGONE.
Aprés tout ce qu'a fait la valeur de son bras,
Tout le monde en ce point ne vous ressemble pas.
CREON.
Ie le vôis bien, Madame, & c'est ce qui m'afflige;
Mais ie sçay bien à quoy sa reuolte m'oblige,
Et tous ces beaux exploits qui le font admirer,
C'est ce qui me le fait justement abhorrer.
La honte fuit toûjours le party des rebelles,
Leurs grandes actions sont les plus criminelles;
Ils signalent leur crime en signalant leur bras,
Et la Gloire n'est point où les Rois ne sont pas.

ANTIGONE.
Escoutez vn peu mieux la voix de la Nature.
CREON.
Plus l'offenseur m'est cher, plus ie ressens l'injure.

ANTIGONE.

Mais vn Pere à ce point doit-il estre emporté?
Vous auez trop de haine.
CREON.

        Et vous trop de bonté.
C'est trop parler, Madame, en faueur d'vn rebelle,
ANTIGONE.

L'innocence vaut bien que l'on parle pour elle.
CREON.

Ie sçay ce qui le rend innocent à vos yeux.
ANTIGONE.

Et ie sçay quel sujet vous le rend odieux.
CREON.

L'amour a d'autres yeux que le commun des hommes.
IOCASTE.

Vous abusez, Creon de l'estat où nous sommes,
Tout vous semble permis, mais craignez mon cou-
roux,
Vos libertez enfin retomberoient sur vous,

ANTIGONE.

L'interest du public agit peu sur son ame,
Et l'amour du pays nous cache vne autre flamme,
Ie le sçais, mais, Creon, j'en abhorre le cours,
Et vous ferez bien mieux de la cacher toûjours.
CREON.

Ie le feray, Madame, & ie veux par auance,
Vous espargner encor jusques à ma presence,
Aussi bien mes deuoirs redoublent vos mespris,
Et ie vais faire place à ce bien-heureux Fils.
Vous sçauez que le Roy m'appelle à son seruice,
Adieu, faites venir Hemon & Polinice.
IOCASTE.

N'en doute pas meschant ils vont venir tous deux,
Tous deux ils préuiendront tes desseins mal-heureux.
SCENE

SCENE VI.

IOCASTE, ANTIGONE, OLYMPE.

ANTIGONE.

LE perfide, à quel point son insolence monte!

IOCASTE.

Ses superbes discours tourneront à sa honte,
Bien-tost si nos desirs sont exaucez des Cieux,
La Paix nous vangera de ces ambitieux.
Mais il faut se haster, chaque heure nous est chere;
Appellons au plus viste Hemon & vostre Frere;
Ie suis pour ce dessein preste à leur accorder,
Toutes les seuretez qu'ils pourront demander.
Et toy, si mes mal-heurs ont lassé ta justice,
Ciel, dispose à la Paix le cœur de Polinice,
Seconde mes souspirs, donne force à mes pleurs,
Et comme il faut enfin, fais parler mes douleurs.

ANTIGONE, *demeurant vn peu aprés sa Mere.*

Et si tu prens pitié d'vne flame innocente,
O Ciel! en ramenant Hemon à son Amante,
Ramene le fidelle, & permets en ce jour,
Qu'en retrouuant l'Amant ie retrouue l'Amour.

ACTE II.

SCENE PREMIERE.

ANTIGONE, HEMON.

HEMON.

HE' quoy! vous me plaignez vostre aimable presé-
Aprés vn an entier de supplice & d'absence, (ce,
Ne m'auez-vous, Madame, appellé prés de vous,
Que pour m'oster si-tost vn bien qui m'est si doux?

C

ANTIGONE.

Et voulez-vous si-tost que j'abandonne vn Frere?
Ne dois-je pas au Temple accompagner ma Mere?
Et dois-je preferer au gré de vos souhaits,
Le soin de vostre amour à celuy de la Paix ?

HEMON.

Madame, à mon bon-heur, c'est chercher trop d'obsta-
Ils iront bien sans nous consulter les Oracles, (cles;
Permettez que mon cœur en voyant vos beaux yeux,
De l'estat de son sort interroge ses Dieux.
Puis-je leur demander sans estre temeraire,
S'ils ont toûjours pour moy leur douceur ordinaire ?
Souffrent-ils sans courroux mon ardente amitié,
Et du mal qu'ils ont fait ont-ils quelque pitié?
Durant le triste cours d'vne absence cruelle,
Auez-vous souhaité que ie fusse fidelle?
Songiez-vous que la mort menassoit loin de vous,
Vn Amant qui ne doit mourir qu'à vos genoux?
Ah ! d'vn si bel objet quand vne ame est blessée,
Quand vn cœur jusqu'à vous éleue sa pensée,
Qu'il est doux d'adorer tant de diuins appas!
Mais aussi que l'on souffre en ne les voyant pas!
Vn moment loin de vous me duroit vne année;
J'aurois finy cent fois ma triste destinée,
Si ie n'eusse songé jusques à mon retour,
Que mon éloignement vous prouuoit mon amour;
Et que le souuenir de mon obeyssance,
Pourroit en ma faueur parler en son absence,
Et que pensant à moy vous penseriez aussi
Qu'il faut aimer beaucoup pour obeïr ainsi.

ANTIGONE.

Oüy ie preuoyois bien qu'vne ame si fidelle,
Trouueroit dans l'absence vne peine cruelle,
Et si mes sentimens se doiuent descouurir,
Ie souhaitois, Hemon, qu'elle vous fit souffrir,
Et qu'estant loin de moy quelque ombre d'amertume,

Vous fit trouuer les jours plus long que de couftume,
Mais ne vous plaignez pas, mon cœur chargé d'ennuy
Ne vous fouhaitoit rien qu'il n'éprouuaft en luy.
Sur tout depuis le temps que dure cette guerre,
Et que de gens armez vous couurez cette terre ,
O Dieux ! à quels tourmens mon cœur s'eft veu fou-
Voyant des deux coftez fes plus tendres amis!   (mis!
Lors qu'on fe fent preffé d'vne main inconnuë,
On la craint fans referue , on hait fa retenuë.
Dans tous ces mouuemens le cœur n'eft pas contraint,
Et fe fent foulagé de hayr ce qu'il craint.
Mais voyant attaquer mon pays & mon Frere,
La main qui l'attaquoit ne m'eftoit pas moins chere;
Mon cœur qui ne voyoit que mes Freres & vous,
Ne haiffoit perfonne , & ie vous craignois tous.
Mille obiets de douleur defchiroient mes entrailles,
I'en voyois & dehors & dedans nos murailles,
Chaque affaut à mon cœur liuroit mille combats,
Et mille fois le iour ie fouffrois le trépas.

HEMON.

Mais enfin qu'ay-je fait en ce mal-heur extréme,
Que ne m'ait ordonné ma Princeff : elle-mefme ?
I'ay fuiuy Polinice , & vous l'auez voulu .
Vous me l'auez prefcrit par vn ordre abfolu.
Ie luy voüay dés lors vne amitié fincere,
Ie quittay mon Pays , j'abandonnay mon Pere,
Sur moy par ce depart j'attiray fon couroux;
Et pour tout dire, enfin , ie m'éfloignay de vous.

ANTIGONE.

Ie m'en fouuiens , Hemon, & ié vous fais juftice,
C'eft moy que vous feruiez en feruant Polinice;
Il m'eftoit cher alors comme il eft aujourd'huy,
Et ie prenois pour moy ce qu'on faifoit pour luy.
Nous nous aimons tous deux dés la plus tendre en-
    fance,
Et j'auois fur fon cœur vne entiere puiffance;

C 2

Ie trouuois à luy plaire vne extréme douceur,
Et les chagrins du Frere estoient ceux de la Sœur.
Ie le cheris toûjours, encore qu'il m'oublie.

HEMON.

Non non son amitié ne s'est point offoiblie,
Il vous cherit encor , mais ses yeux ont appris,
Que mon amour pour vous est bien d'vn autre prix.
Quoy que son amitié surpasse l'ordinaire,
Il voit combien l'Amant l'emporte sur le Frere,
Et qu'auprés de l'amour dont ie ressens l'ardeur,
La plus forte amitié n'est au plus que tiedeur.

ANTIGONE.

Mais enfin si sur luy j'auois le moindre empire,
Il aymeroit la Paix , pour qui mon cœur soûpire,
Nostre commun mal-heur en seroit adoucy;
Ie le verrois, Hemon, vous me verriez aussi.

HEMON.

De cette affreuse guerre il abhorre l'image,
Ie l'ay veu soûpirer de douleur & de rage,
Lors que pour remonter au Trosne paternel,
On le força de prendre vn chemin si cruel.
Esperons que le Ciel touché de nos miseres,
Acheuera bien-tost de réünir les Freres ;
Puisse-t'il restablir l'amitié dans leur cœur,
Et conseruer l'amour dans celuy de la Sœur.

ANTIGONE.

Helas! ne doutez point que ce dernier ouurage,
Ne luy soit plus aisé que de calmer leur rage;
Ie les connois tous deux , & ie respondrois bien,
Que leur cœur, cher Hemon, est plus dur que le mien.
Mais les Dieux quelquefois font de plus grands mi-
    racles.

SCENE II.

ANTIGONE, HEMON, OLYMPE.

ANTIGONE.

HE' bien apprendrons nous ce qu'ont dit les Ora-
Que faut-il faire?   (cles?

OLYMPE.   Helas!   ANTIGONE.
                    Quoy ? Qu'en a-t'on appris?
Est-ce la Guerre ? Olympe?   OLYMPE.
                    Ah ! c'est encore pis.

HEMON.

Quel est donc ce grand mal que leur courroux annon-

OLYMPE.   (ce?

Prince, pour en juger écoutez leur responce.
          Thebains pour n'auoir plus de guerres,
          Il faut par vn ordre fatal,
          Que le dernier du sang Royal,
          Par son trespas ensanglante vos terres.

ANTIGONE.

O Dieux ! que vous a fait ce sang infortuné,
Et pourquoy tout entier l'auez-vous condamné?
N'estes-vous pas contens de la mort de mon Pere,
Tout nostre sang doit-il subir vostre colere?

HEMON.

Madame, cet Arrest ne vous regarde pas,
Vostre vertu vous met à couuert du trespas.
Les Dieux sçauent trop bien connoistre l'innocence.

ANTIGONE.

Et ce n'est pas pour moy que ie crains leur vangeance,
Mon innocence, Hemon feroit vn foible appuy,
Fille d'Oedipe, il faut que ie meure pour luy.
Ie l'attens cette mort , & ie l'attens sans plaintes,
Et s'il faut auoüer le sujet de mes craintes,   (vous,
C'est pour vous que ie crains. Ouy, cher Hemon, pour
De ce sang mal-heureux vous sortez comme nous;

Et ie ne vois que trop que le couroux celeste,
Vous rendra comme à nous cet honneur bien funeste,
Et fera regretter aux Princes des Thebains,
De n'estre pas sortis du dernier des humains.
HEMON.

Peut-on se repentir d'vn si grand auantage?
Vn si noble trépas flate trop mon courage,
Et du sang de ses Roys il est beau d'estre issu,
Dût-on rendre ce sang si-tost qu'on l'a réceu.
ANTIGONE.

Et quoy si parmy nous on a fait quelque offence,
Le Ciel doit-il sur vous en prendre la vangeance,
Et n'est-ce pas assez du Pere & des enfans,
Sans qu'il aille plus loin chercher des innocens?
C'est à nous à payer pour les crimes des nostres,
Punissez-nous grands Dieux, mais épargnés les autres
Mon Pere, cher Hemon, vous va perdre aujourd'huy,
Et ie vous pers peut-estre encore plus que luy.
Le Ciel punit sur vous, & sur vostre famille,
Et les crimes du Pere & l'amour de la Fille,
Et ce funeste amour vous nuit encore plus,
Que les crimes d'Oedipe & le sang de Laius.

HEMON.

Quoy mon amour, Madame? Et qu'a-t'il de funeste?
Est-ce vn crime d'aimer vne beauté celeste?
Et puisque sans colere il est receu de vous,
En quoy peut-il du Ciel meriter le couroux?
Vous seule en mes soûpirs estes interessée,
C'est à vous à juger, s'ils vous ont offensée,
Tels que seront pour eux vos Arrests tout-puissans,
Ils seront criminels ou seront innocens.
Aussi quand jusqu'à vous j'osay porter ma flame,
Vos yeux seuls imprimoient la terreur dans mon ame,
Et ie craignois bien plus d'offenser vos appas,
Que le couroux des Dieux que ie n'offensois pas.

ANTIGONE.

Autant que voſtre amour voſtre erreur eſt extrême,
Et vous les offenſiez beaucoup plus que moy-meſme;
Quelque rigueur pour vous qui paruſt en mes yeux,
Helas ! ils approuuoient ce qui faſchoit les Dieux.
Ouy, ces Dieux ennemis de toute ma famille,
Auſſi bien que le Pere en deteſtoient la Fille,
Vous aimaſtes, Hemon, l'objet de leur couroux,
Et leur haine pour moy s'étendit juſqu'à vous.
C'eſt là de vos mal-heurs le funeſte principe,
Fuyez, Hemon, fuyez de la Fille d'Oedipe,
Taſchez de n'aimer plus, pour plaire aux immortels,
Et la Fille & la ſœur de tant de Criminels,
Le crime en ſa famille . . .

HEMON.

Ah ! Madame leur crime,
Ne fait que releuer voſtre vertu ſublime,
Puiſque par vn effort dont les Dieux ſont jaloux,
Vous brillez d'vn éclat qui ne vient que de vous.
Que le Ciel à ſon gré de ma perte diſpoſe,
I'en cheriray touſiours & l'vne & l'autre cauſe,
Glorieux de mourir pour le ſang de mes Roys,
Et plus heureux encor de mourir ſous vos loix.
Pluſt aux Dieux ſeulement que voſtre amant fidelle,
Puſt auoir de leur haine vne cauſe nouuelle,
Et que pour vous aymer meritant leur courroux,
Il puſt mourir encor pour eſtre aimé de vous.
Auſſi bien que ferois-ie en ce commun naufrage,
Pourrois-je me reſoudre à viure dauantage,
En vain les Dieux voudroient differer mon trépas,
Mon deſeſpoir feroit ce qu'ils ne feroient pas,
Mais peut-eſtre en ce point noſtre frayeur eſt vaine,
Attendons . . . Mais voicy Polinice & la Reine.

SCENE III.

IOCASTE, POLINICE, ANTIGONE, HEMON.

POLINICE.

MAdame au nom des Dieux, cessez de m'arrester,
Ie vois bien que la Paix ne peut s'executer.
I'esperois que du Ciel la Iustice infinie,
Voudroit se declarer contre la tyrannie,
Et que lassé de voir tant respandre de sang,
Il rendroit à chacun son legitime rang.
Mais puis qu'ouuertement il tient pour l'injustice,
Et que des criminels il se rend le complice,
Dois-je encore esperer qu'vn Peuple reuolté,
Quand le Ciel est injuste écoute l'équité ?
Dois-je prendre pour Iuge vne troupe insolente,
D'vn fier vsurpateur ministre violente,
Qui sert mon ennemy par vn lasche interest,
Et qu'il anime encor tout éloigné qu'il est ?
La raison n'agit point sur vne populace,
De ce Peuple desia, j'ay ressenty l'audace,
Et loin de me reprendre aprés m'auoir chassé,
Il croit voir vn tyran dans vn Prince offensé.
Comme sur luy l'honneur n'eut jamais de puissance,
Il croit que tout le monde aspire à la vangeance,
De ses inimitiez rien n'arreste le cours,
Quand il hait vne fois il veut hayr tousiours.

IOCASTE.

Mais s'il est vray, mõ Fils, que ce Peuple vous craigne,
Et que tous les Thebains redoutent vostre regne,
Pourquoy par tant de sang cherchez-vous à regner
Sur ce Peuple endurcy que rien ne peut gaigner ?

POLINICE.

Est-ce au Peuple, Madame, à se choisir vn Maistre ?
Si-tost qu'il hait vn Roy doit-on cesser de l'estre ?
Sa haine ou son amour sont-ce les premiers droits,

Qui

Qui font monter au Trofne ou defcendre les Rois?
Que le peuple à fon gré nous craigne ou nous cheriffe
Le fang nous met au Trofne, & non pas fon caprice:
Ce que le fang luy donne il le doit accepter,
Et s'il n'aime fon Prince il le doit refpecter.

IOCASTE.

Vous ferez vn Tyran hay de vos Prouinces.

POLINICE.

Ce nom ne conuient pas aux legitimes Princes,
De ce titre odieux mes droits me font garands,
La haine des Sujets ne fait pas les Tyrans.
Appellez de ce nom Eteocle luy-mefme.

IOCASTE.

Il eft aimé de tous.   POLINICE.

                    C'eft vn tyran qu'on aime,
Qui par cent lafchetez tafche à fe maintenir,
Au rang où par la force il a fçeu paruenir,
Et fon orgueil le rend par vn effet contraire,
Efclaue de fon Peuple, & Tyran de fon Frere,
Pour commander tout feul il veut bien obeyr,
Et fe fait mefprifer pour me faire hayr.
Ce n'eft pas fans fujet qu'on me préfere vn traiftre,
Le peuple aime vn efclaue, & craint d'auoir vn Maiftre
Mais ie croirois trahir la Majefté des Roys,
Si ie faifois le Peuple arbitre de mes droits,

IOCASTE.

Ainfi donc la difcorde a pour vous tant de charmes?
Vous laffez-vous déja d'auoir pofé les armes?
Ne cefferons nous point, aprés tant de mal-heurs,
Vous de vefer du fang, moy de verfer des pleurs?
N'accorderez-vous rien aux larmes d'vne Mere?
Ma Fille, s'il fe peut, retenez voftre Frere,
Le cruel pour vous feule auoit de l'amitié.

ANTIGONE.

Ah! fi pour vous fon ame eft fourde à la pitié,
Que pourrois-je efperer d'vne amitié paffée,

D

Qu'vn long éloignement n'a que trop effacée?
A peine en sa memoire ay-je encor quelque rang,
Et son cœur n'aime plus qu'à respandre du sang
Ne cherchez plus en luy ce Prince magnanime,
Ce Prince qui montroit tant d'horreur pour le cri-
   me,
Dont l'ame genereuse auoit tant de douceur,
Qui respectoit sa Mere , & cherissoit sa sœur.
La nature pour luy n'est plus qu'vne chimere,
Il méconnoist sa Sœur , il mesprise sa Mere,
Et l'ingrat en l'estat où son orgueil l'a mis,
Nous croit des estrangers ou bien des ennemis.
Il reuient , mais helas ! c'est pour nostre supplice,
Ie ne vois point mon Frere , en voyant Polinice;
En vain il se presente à mes yeux éperdus,
Ie ne le connois point , il ne me connoist plus.

POLINICE.

N'imputez point ce crime à mon ame affligée,
Dites plustost, ma Sœur , que vous estes changée;
Dites que de mon rang le lasche vsurpateur,
M'a sçeu rauir encor l'amitié de ma Sœur.
De vostre changement ce traistre est le complice,
Parce qu'il me deteste , il veut qu'on me haïsse,
Aussi sans imiter vostre exemple aujourd'huy,
Vostre haine ne fait que m'aigrir contre luy.
Ie vous connois tousiours & suis tousiours le mesme.

ANTIGONE.

Est-ce m'aimer , cruel, autant que ie vous aime,
Que d'estre inexorable à mes tristes soûpirs,
Et m'expofer encor à tant de déplaisirs?

POLINICE.

Mais vous-mesme, ma Sœur, est-ce aimer vôtre Frere?
Que de luy faire enfin cette injuste priere,
Et me vouloir rauir le Sceptre de la main ?
Dieux! qu'est-ce qu'Eteocle a de plus inhumain?
C'est trop fauoriser vn tyran qui m'outrage.

ANTIGONE.

Non non vos interests me touchent dauantage,
Ne croyez pas mes pleurs perfides à ce point,
Auec vos ennemis ils ne conspirent point.
Cette Paix, que ie veux, me seroit vn supplice,
S'il en deuoit couster le Sceptre à Polinice,
Et l'vnique faueur, mon Frere, où ie prétens,
C'est qu'il me soit permis de vous voir plus long-téps
Seulement quelques jours souffrés que l'on vous voye
Et donnez-nous le temps de chercher quelque voye
Qui puisse vous remettre au rang de vos ayeux,
Sans que vous respandiez vn sang si précieux.
Pouuez-vous refuser cette grace legere,
Aux larmes d'vne Sœur, aux soulpirs d'vne Mere?

IOCASTE.

Mais quelle crainte encor vous peut inquieter,
Pourquoy si promptement voulez-vous nous quitter?
Ce jour-cy tout entier n'est-il pas de la tréue,
Dés qu'elle a commencé faut-il qu'elle s'acheue ?
Vous voyez qu'Eteocle a mis les armes bas,
Il veut que ie vous voye, & vous ne voulez pas.

ANTIGONE.

Ouy, mon Frere, il n'est pas comme vous inflexible,
Aux larmes de sa Mere il a paru sensible,
Nos pleurs ont d'sarmé sa colere aujourd'huy,
Vous l'appellez tyran, vous l'estes plus que luy.

HEMON

Seigneur, rien ne vous presse, & vous pouuez sans
Laisser agir encor la Princesse & la Reine,   (peine,
Accordez tout ce jour à leur pressant desir,
Voyons si leur dessein ne pourra réüssir,
Ne donnez pas la jóye au Prince vostre Frere,
De dire que sans vous la Paix se pouuoit faire,
Vous aurez satisfait vne Mere, vne Sœur,
Et vous aurez sur tout satisfait vostre honneur.
Mais que vaut ce Soldat ? son ame est toute émeuë.

SCENE V.

IOCASTE, POLINICE, ANTIGONE, HEMON,
VN SOLDAT Grec.

VN SOLDAT Grec.

SEigneur, on est aux mains, & la trêue est rompuë,
Et les Thebains conduits par Creon, & leur Roy,
Attaquent vostre Armée & violent leur foy,
Le braue Hippomedon s'efforce en vostre absence,
De soustenir leur choc de toute sa puissance,
Par son ordre, Seigneur, ie vous viens auertir.

POLINICE.

Ah les traistres ! Allons, Hemon, il faut sortir,
    à la Reine.
Madame, vous voyez comme il tient sa parole,
Mais il veut le combat, il m'attaque, & j'y vole.

IOCASTE.

Polinice, Mon Fils . . . Mais il ne m'entend plus,
Aussi bien que mes pleurs mes cris sont superflus.
Chere Antigone allez, courez à ce Barbare,
Du moins allez prier Hemon qu'il les separe,
Le courage me manque, & ie n'y puis courir,
Tout ce que ie puis faire, helas ! c'est de mourir.

ACTE III.

SCENE PREMIERE.

IOCASTE, OLYMPE.

IOCASTE.

OLympe, va t'en voir ce funeste spectacle,
Va voir si leur fureur n'a point trouué d'obstacle,
Si rien n'a pû toucher l'vn ou l'autre party.

On dit qu'à ce deſſein Ménecée eſt ſorty.
OLYMPE.
Ie ne ſçay quel deſſein animoit ſon courage,
Vne heroyque ardeur brilloit ſur ſon viſage,
Mais vous deuez , Madame , eſperer juſqu'au bout.
IOCASTE.
Va tout voir , chere Olympe , & me viens dire tout.
Eſclaircy promptement ma triſte inquietude.
OLYMPE.
Mais vous dois-je laiſſer en cette ſolitude?
IOCASTE.
Va, ie veux eſtre ſeule en l'eſtat où ie ſuis,
Si pourtant on peut l'eſtre auecque tant d'ennuis.

SCENE   II.

IOCASTE ſeule.

Vreront-ils touſiours ces ennuis ſi funeſtes ?
N'épuiſeront-ils point les vangeances celeſtes
Me feront-ils ſouffrir tant de cruels treſpas,
Sans jamais au tombeau précipiter mes pas?
O Ciel! que tes rigueurs ſeroient peu redoutables,
Si la foudre d'abord accabloit les coupables,
Et que tes chaſtimens paroiſſent infinis,
Quand tu laiſſes la vie à ceux que tu punis !
Tu ne l'ignore pas , depuis le jour infame,
Où de mon propre Fils ie me trouuay la Femme,
Le moindre des tourmens que mon cœur a ſoufferts,
Eſgale tous les maux que l'on ſouffre aux Enfers.
Et toutesfois , ô Dieux , vn crime inuolontaire,
Deuoit-il attirer toute voſtre colere?
Le connoiſſois-je , helas ! ce Fils infortuné,
Lors que dedans mes bras vous l'auez amené?
C'eſt vous dont la rigueur m'ouurit ce précipice.
Voila de ces grands Dieux la ſuprême juſtice,
Iuſques au bord du crime ils conduiſent nos pas,

Ils nous le font commettre, & ne l'excusent pas.
Prennent-ils donc plaisir à faire des coupables.
Afin d'en faire aprés d'illustres miserables,
Et ne peuuent-ils point quand ils sont en couroux,
Chercher des Criminels à qui le crime est doux?

SCENE III.

IOCASTE, ANTIGONE.

IOCASTE.

HE' bien en est-ce fait ? L'vn ou l'autre perfide,
Vient-il d'executer son noble parricide?
D'vn trio mphe si beau vient-il de s'honorer?
Qui des deux dois-je plaindre, & qui dois-je abhorrer
Ou n'ont-ils point tous deux en mourant sur la place,
Confirmé par leur sang la celeste menace?
Parlez, parlez, ma fille?   ANTIGONE.
                        Ah ! Madame, en effet,
L'Oracle est accomply, le Ciel est satisfait.

IOCASTE.

Quoy mes deux Fils sont morts ? ANTIGONE.
                        Vn autre sang, Madame,
Rend la Paix à l'Estat & le calme à vostre ame:
Vn sang digne des Roys dont il est découlé
Pour l'Estat & pour nous s'est luy-mesme immolé.
Ie sortois pour fléchir Hemon & Polinice,
Ils estoient déja loin auant que ie sortisse;
Ie leur criois d'attendre & d'arrester leurs pas;
Mais loin de s'arrester ils ne m'entendoient pas.
Ils ont couru tous deux vers le champ de bataille,
Et moy ie suis montée au haut de la muraille,
D'où le Peuple estonné regardoit comme moy,
L'approche d'vn combat qui le glaçoit d'effroy.
A cet instant fatal le dernier de nos Princes,
L'honneur de nostre sang, l'espoir de nos Prouinces,
Menecée en vn mot digne Frere d'Hémon,

Et trop indigne aussi d'estre Fils de Creon,
De l'amour du Pays montrant son ame atteinte,
Au milieu des deux camps est auancé sans crainte,
Et se faisant ouyr des Grecs & des Thebains,
Arrestez , a-t'il dit , arrestez , inhumains.
Ces mots imperieux n'ont point trouué d'obstacle,
Les Soldats estonnez de ce nouueau spectacle,
De leur noire fureur ont suspendu le cours,
Et ce Prince aussi-tost poursuiuant son discours,
Apprenez , a-t'il dit , l'arrest des destinées,
Par qui vous allez voir vos miseres bornées,
Ie suis le dernier sang de vos Roys descendu,
Qui par l'ordre des Dieux doit estre répandu,
Receuez donc ce sang que ma main va répandre,
Et receuez la Paix où vous n'osiez prétendre,
Il se tait , & se frappe en acheuant ces mots,
Et les Thebains voyant expirer ce Heros,
Comme si leur salut deuenoit leur supplice,
Regardent en tremblant ce noble sacrifice.
I'ay veu le triste Hemon abandonner son rang
Pour venir embrasser ce Frere tout en sang.
Creon à son exemple a jetté bas les armes,
Et vers ce Fils mourant est venu tout en larmes,
Et l'vn & l'autre camp les voyant retirez,
Ont quitté le combat & se sont separez.
Et moy le cœur tremblant , & l'ame toute émuë,
D'vn si funeste objet j'ay destourné la veuë,
De ce Prince admirant l'heroïque fureur.

IOCASTE.

Comme vous ie l'admire , & j'en fremis d'horreur.
Est-il possiblele, ô Dieux , qu'aprés ce grand miracle,
Le repos des Thebains trouue encor quelque obstacle
Cet illustre trépas ne peut-il vous calmer,
Puisque mesme mes Fils s'en laissent desarmer?
La refuserez-vous cette noble Victime?
Si la vertu vous touche autant que fait le crime,

Si vous donnez les prix comme vous puniſſez,
Quels crimes par ce ſang ne ſeront effacez?
                    ANTIGONE.
Ouy, ouy cette vertu ſera récompenſée,
Les Dieux ſont trop payez du ſang de Menecée,
Et le ſang d'vn Heros auprés des Immortels,
Vaut ſeul plus que celuy de mille criminels.
Ce ſont eux dont la main ſuſpend la barbarie,
De deux camps animez d'vne égale furie,
Et ſi de tant de ſang ils n'eſtoient point laſſez,
A leur boüillante rage ils les auroient laiſſez.
                    IOCASTE.
Connoiſſez mieux du Ciel la vangeance fatale,
Touſiours à ma douleur il met quelque interualle,
Mais helas ! quand ſa main ſemble me ſecourir
C'eſt alors qu'il s'appreſte à me faire perir.
Il a mis cette nuit quelque tréue à mes larmes,
Afin qu'à mon réueil ie viſſe tout en armes,
S'il me flate auſſi-toſt de quelque eſpoir de Paix,
Vn Oracle cruel me l'oſte pour jamais.
Il ameine mon Fils, il veut que ie le voye,
Mais combien cherement me vend-il cette joye!
Ce Fils eſt inſenſible, & ne m'écoute pas,
Et ſoudain il me l'oſte & l'engage aux combats.
Ainſi touſiours cruel, & touſiours en colere,
Il feint de s'appaiſer, & deuient plus ſeuere,
Il n'interromp ſes coups que pour les redoubler,
Et retire ſon bras pour me mieux accabler.
                    ANTIGONE.
Madame, eſperons tout de ce dernier miracle.
                    IOCASTE.
La haine de mes Fils eſt vn trop grand obſtacle,
En vain tous les mortels s'épuiſeroient le flanc,
Ils ſe veulent baigner dedans leur propre ſang.
Tous deux voulans regner, il faut que l'vn periſſe,
L'vn a pour luy le Peuple, & l'autre la Iuſtice,
                                        Polinice

Polinice endurcy n'écoute que ses droits ,
Du Peuple & de Creon l'autre écoute la voix.
Ouy du lasche Creon. Cette ame interessée,
Nous oste tout le fruit du sang de Menecée,
En vain pour nous sauuer ce grand Prince se perd,
Le Pere nous nuit plus que le Fils ne nous sert.
De deux jeunes Heros cet infidelle Pere....
                ANTIGONE.
Ah ! le voicy , Madame , auec le Roy mon Frere.

SCENE   IV.

IOCASTE, ETEOCLE, ANTIGONE, CREON.
              IOCASTE.

MOn Fils , c'est donc ainsi que l'on garde sa foy?
              ETEOCLE.
Madame ce combat n'est point venu de moy,
Mais de quelques Soldats , tant des Grecs que des no-
Qui s'estans querellez les vns auec les autres, (stres,
Ont insensiblement tout le corps ébranlé,
Et fait vn grand combat d'vn simple démeslé,
La bataille sans doute alloit estre cruelle,
Et son éuenement vuidoit nostre querelle,
Quand du Fils de Creon le funeste trépas,
Des Thebains & des Grecs a retenu les bras.
Ce Prince le dernier de la race Royale,
S'est appliqué des Dieux la réponse fatale,
Et luy-mesme à la mort il s'est précipité.
De l'amour du pays noblement transporté.
              IOCASTE.
Ah ! si le seul amour qu'il eut pour sa patrie,
Le rendit insensible aux douceurs de la vie,
Mon Fils ce mesme amour ne peut-il seulement,
De vostre ambition vaincre l'emportement?
Vn exemple si beau vous inuite à le suiure,
Il ne faudra cesser de regner ny de viure;

                              E

Vous pouuez en cedant vn peu de voſtre rang,
Faire plus qu'il n'a fait en verſant tout ſon ſang.
Il ne faut que ceſſer de haïr voſtre Frere,
Vous ferez beaucoup plus que ſa mort n'a ſçeu faire.
O Dieux ! aimer vn Frere eſt-ce vn plus grand effort,
Que de haïr la vie & courir à la mort?
Et doit-il eſtre enfin plus facile en vn autre,
De reſpandre ſon ſang, qu'en vous d'aimer le voſtre?

ETEOCLE.

Son illuſtre vertu me charme comme vous,
Et d'vn ſi beau trépas ie ſuis meſme jaloux.
Et toutefois, Madame, il faut que ie vous die,
Qu'vn troſne eſt plus penible à quitter que la vie,
La gloire bien ſouuent nous porte à la haïr,
Mais peu de Souuerains font gloire d'obeyr.
Les Dieux vouloient ſon ſang, & ce Prince ſans crime
Ne pouuoit à l'Eſtat refuſer ſa Victime,
Mais ce meſme pays qui demandoit ſon ſang,
Demande que ie regne & m'attache à mon rang.
Iuſqu'à ce qu'il m'en oſte il faut que j'y demeure,
Il n'a qu'à prononcer j'obeyray ſur l'heure,
Et Thebes me verra pour appaiſer ſon ſort,
Et deſcendre du Troſne & courir à la mort.

CREON.

Ah ! Menecée eſt mort le Ciel n'en veut point d'autre,
Faites ſeruir ſon ſang ſans y joindre le voſtre,
Et puis qu'il l'a verſé pour nous donner la Paix,
Accordez-la, Seigneur, à nos juſtes ſouhaits.

ETEOCLE.

Et quoy meſme Creon pour la Paix ſe deſclare?

CREON.

Pour auoir trop aimé cette guerre barbare,
Vous voyez les mal-heurs où le Ciel m'a plongé,
Mon Fils eſt mort, Seigneur.

ETEOCLE.

Il faut qu'il ſoit vangé.

CREON.

Sur qui me vangerois-ie en ce mal-heur extréme?
ETEOCLE.

Vos ennemis, Creon, font ceux de Thebes mefme,
Vangez-la, vangez-vous.　　CREON.

Ah! dans ces Ennemis,
Ie trouue voftre Frere, & ie trouue mon Fils,
Dois-je verfer mon fang, ou refpandre le voftre?
Et dois-je perdre vn Fils pour en vanger vn autre?
Seigneur, mon fang m'eft cher, le voftre m'eft facré,
Seray-je facrilege ou bien dénaturé?
Soüilleray-ie ma main d'vn fang que ie reuere,
Seray-je parricide, afin d'eftre bon Pere?
Vn fi cruel fecours ne me peut foulager,
Et ce feroit me perdre au lieu de me vanger.
Tout le foulagement où ma douleur afpire,
C'eft qu'au moins mes malheurs feruent à voftre Em-
Ie me confoleray fi ce Fils que ie plains,　　　(pire,
Affure par fa mort le repos des Thebains.
Le Ciel promet la Paix au fang de Menecée,
Acheuez-la, Seigneur, mon Fils l'a commencée,
Accordez-luy ce prix qu'il en a pretendu,
Et que fon fang en vain ne foit pas répandu.
IOCASTE.

Non, puis qu'à nos mal-heurs vous deuenez fenfible,
Au fang de Menecée il n'eft rien d'impoffible,
Que Thebes fe raffure aprés ce grand effort,
Puis qu'il change voftre ame, il changera fon fort.
La Paix dés ce moment n'eft plus defefperée,
Puifque Creon la veut ie la tiens affeurée,
Bien-toft ces cœurs de fer fe verront adoucis,
Le vainqueur de Creon peut bien vaincre mes Fils.
　　　à Eteocle.　　　　　　　　(che,
Qu'vn fi grand changement vous defarme &vous tou-
Quittez, mon Fils, quittez cette haine farouche,
Soulagez vne Mere, & confolez Creon,

E 2

Rendez-moy Polinice, & luy rendez Hemon.
ETEOCLE.
Mais enfin, c'est vouloir que ie m'impose vn Maistre,
Vous ne l'ignorez pas, Polinice veut l'estre;
Il demande sur tout le pouuoir souuerain,
Et ne reuiendra pas que le Sceptre à la main.

SCENE V.

IOCASTE, ETEOCLE, ANTIGONE, CREON, ATTALE.

ATTALE.

Polinice, Seigneur, demande vne entreueuë;
C'est ce que d'vn Heraut nous apprend la venuë;
On ne dit pas pourquoy; mais il s'engage aussi,
De vous attendre au Camp, ou de venir icy.

CREON.

Sans doute qu'il est las d'vne guerre si lente,
Et son ambition n'est plus si violente,
Par ce dernier combat il apprend aujourd'huy,
Que vous estes au moins aussi puissant que luy.
Les Grecs mesme sont las de seruir sa colere,
Et j'ay sçeu depuis peu que le Roy son beau-pere,
Preferant à la guerre vn solide repos,
Se reserue Mycene, & le fait Roy d'Argos.
Tout courageux qu'il est, sans doute il ne souhaitte,
Que de faire en effet vne honneste retraitte,
Puis qu'il s'offre à vous voir croyez qu'il veut la Paix
Ce jour la doit conclure, ou la rompre à jamais.
Taschez dans ce dessein de l'affermir vous-mesme,
Et luy promettez tout hormis le Diadéme.

ETEOCLE.

Hormis le Diadéme il ne demande rien.

IOCASTE.

Mais voyez-le du moins.   CREON.

Ouy puis qu'il le veut bien,

Vous ferez plus tout seul que nous ne sçaurions faire,
Et le sang reprendra son empire ordinaire.
ETEOCLE.
Allons donc le chercher.   IOCASTE.
Mon Fils, au nom des Dieux,
Attendez-le plûtost, & voyez-le en ces lieux.
ETEOCLE.
Hé bien, Madame, hé bien, qu'il vienne, & qu'on luy
Toutes les seuretez qu'il faut pour sa persõne,(dõne
Allons.   ANTIGONE
Ah! si ce jour rend la Paix aux Thebains,
Elle sera, Creon, l'ouurage de vos mains.

***

SCENE   VI.
CREON, ATTALE.
CREON.
L'Interest des Thebains n'est pas ce qui vo⁹ touche,
Desdaigneuse Princesse, & cette ame farouche,
Qui semble me flater aprés tant de mépris,
Songe moins à la Paix, qu'au retour de mon Fils.
Mais nous verrons bien-tost si la fiere Antigone,
Aussi bien que mon cœur desdaignera le Trosne,
Nous verrõs quand les Dieux m'aurõt fait vôtre Roy,
Si ce Fils bien-heureux l'emportera sur moy.
ATTALE.
Et qui n'admireroit vn changement si rare,
De voir que ce grand cœur pour la Paix se déclare.
CREON.
Tu crois donc que la Paix est l'objet de mes soins.
ATTALE.
Ouy je le crois, Seigneur, quand j'y pensois le moins.
Et voyant qu'en effet ce beau soin vous anime,
J'admire à tous momens cet effort magnanime,
Qui vous fait mettre enfin vostre haine au tombeau;
Menecée en mourant n'a rien fait de plus beau,

Et qui peut immoler sa haine à sa Patrie,
Luy pourroit bien aussi sacrifier sa vie.

CREON.

Ah ! sans doute qui peut d'vn genereux effort,
Aimer son ennemy peut bien aimer la mort;
Et j'abandonnerois auec bien moins de peine,
Le soin de mon salut que celuy de ma haine;
J'asseurerois ma gloire en courant au trépas,
Mais on la perd, Attale, en ne se vangeant pas;
Quoy ie negligerois le soin de ma vangeance?
Et de mon ennemy ie prendrois la defense?
De la mort de mon Fils Polinice est l'Autheur,
Et moy ie deuiendrois son lasche Protecteur?
Quand ie renoncerois à cette haine extréme,
Pourrois-je bien cesser d'aimer le Diadéme?
Non non tu me verras d'vne constante ardeur,
Haïr mes ennemis & cherir ma grandeur.
Le Trosne fit tousiours mes ardeurs les plus cheres;
Ie rougis d'obeyr où regnerent mes Peres,
Tout mon sang me conduit au rang de mes ayeux,
Et ie l'enuisageay dés que j'ouuris les yeux,
Sur tout depuis deux ans ce noble soin m'inspire,
Ie ne fais point de pas qui ne tende à l'Empiré,
Des Princes mes neueux j'entretiens la fureur,
Et mon ambition authorise la leur.
D'Eteocle d'abord j'approuuay l'injustice,
Ie luy fis refuser l'Empire à Polinice,
Tu sçais que ie pensois déslors à m'y placer,
Et ie le mis au Trosné afin de l'en chasser.

ATTALE.

(mes,

Mais Seigneur, si la guerre pour vous eut tant de char-
D'où vient que de leurs mains vous arrachez les armes
Et puisque leur discorde est l'objet de vos vœux,
Pourquoy par vos conseils s'embrassét-ils tous deux?

CREON.

Plus qu'à mes ennemis la haine m'est mortelle,

Et le couroux du Ciel me la rend trop cruelle;
Il s'arme contre moy de mon propre deſſein,
Il ſe ſert de mon bras pour me percer le ſein.
La Guerre s'allumoit lors que pour mon ſupplice,
Hemon m'abandonna pour ſuiure Polinice,
Les deux Freres par moy deuinrent ennemis,
Et ie deuins, Attale, ennemy de mon Fils.
Enfin ce meſme iour ie fais rompre la tréue,
I'excite le Soldat, tout le Camp ſe ſoûleue,
On ſe bat & voila qu'vn Fils deſeſperé,
Meurt & rompt vn combat que j'ay tant preparé.
Mais il me reſte vn Fils, & ie ſens que ie l'aime,
Tout rebelle qu'il eſt, & tout mon Riual meſme,
Sans le perdre ie veux perdre mes ennemis,
Il m'en couſteroit trop, s'il m'en couſtoit deux Fils.
Des deux Princes d'ailleurs la haine eſt trop puiſſante
Ne crois pas qu'à la Paix iamais elle conſente;
Moy-meſme ie ſçauray ſi bien l'enuenimer,
Qu'ils periront tous deux pluſtoſt que de s'aimer.
Les autres ennemis n'ont que de courtes haines,
Mais quand de la Nature on a briſé les chaines,
Cher Attale, il n'eſt rien qui puiſſe réünir,
Ceux que des nœuds ſi forts n'ont pas ſçeu retenir;
L'on hait auec excez lors que l'on hait vn Frere.
Mais leur eſloignement rallentit leur colere,
Quelque haine qu'on ait pour vn fier ennemy,
Quand il eſt loin de nous on la perd à demy.
Ne t'eſtonne donc plus ſi ie veux qu'ils ſe voyent;
Ie veux qu'en ſe voyant leurs fureurs ſe deſployent,
Que rappellant leur haine au lieu de la chaſſer,
Ils s'étouffent, Attale, en voulant s'embraſſer.

ATTALE.

Vous n'auez plus, Seigneur, à craindre que vous-mê-
On porte ſes remords auec le Diadéme.   (me,

CREON.

Quand on eſt ſur vn Troſne on a bien d'autres ſoins,

Et les remords font ceux qui nous pefent le moins;
Du plaifir de regner vne ame poffedée,
De tout le temps paffé deftourne fon idée,
Et de tout autre objet fon efprit efloigné,
Croit n'auoir point vefcu tant qu'il n'a point regné.
Mais allons, le remords n'eft pas ce qui me touche,
Et ie n'ay plus vn cœur que le crime effarouche,
Tous les premiers forfaits couftent quelques efforts,
Mais, Attale, on commet les feconds fans remords.

ACTE IV.
SCENE PREMIERE.
ETEOCLE, CREON.

ETEOCLE.

OVy, Creon, c'eft icy qu'il doit bien-toft fe rendre
Et tous deux en ce lieu nous les pouuôs attédre,
Nous verrons ce qu'il veut, mais ie refpondrois bien,
Que par cette entreueuë on n'auancera rien.
Ie fçay que Polinice eft vn humeur altiere,
Ie fçay bien que fa haine eft encor toute entiere,
Ie ne croy pas qu'on puiffe en arrefter le cours,
Et pour moy ie fens bien que ie le hay toufiours.

CREON.

Mais s'il vous cede enfin la grandeur Souueraine,
Vuus deuez ce me femble appaifer voftre haine.

ETEOCLE.

Ie ne fçay fi mon cœur s'appaifera jamais,
Ce n'eft pas fon orgueil, c'eft luy feul que ie hais.
Nous auons l'vn & l'autre vne haine obftinée,
Elle n'eft pas, Creon, l'ouurage d'vne année,
Elle eft née auec nous, & fa noire fureur,
Auffi-toft que la vie entra dans noftre cœur.

Nous

Nous estions ennemis dés la plus tendre enfance,
Et déja nous l'estions auecque violence,
Nous le sommes au Trosne aussi bien qu'au berceau,
Et le serons peut-estre encor dans le tombeau.
On diroit que le Ciel par vn arrest funeste,
Voulut de nos parens vanger ainsi l'inceste,
Et que dans nostre sang il voulut mettre au jour
Tout ce qu'a de plus noir & la haine & l'amour,
Et maintenant, Creon, que j'attens sa venuë,
Ne croy pas que pour luy ma haine diminuë,
Plus il approche, & plus il allume ses feux,
Et sans doute il faudra qu'elle éclate à ses yeux.
J'aurois mesme regret qu'il me quittast l'Empire,
Il faut, il faut qu'il fuye, & non qu'il se retire,
Ie, ne veux point, Creon, le hayr à moitié,
Et ie crains son couroux moins que son amitié.
Ie veux pour donner cours à mon ardente haine,
Que sa fureur au moins autorise la mienne,
Et puis qu'enfin mon cœur ne sçauroit se trahir,
Ie veux qu'il me deteste afin de le hayr
Tu verras que sa rage est encore la mesme,
Et que tousiours son cœur aspire au Diademe,
Qu'il m'abhorre tousiours, & veut tousiours regner,
Et qu'on peut bien le vaincre, & non pas le gaigner.

CREON.

Domtez-le donc, Seigneur, s'il demeure inflexible,
Quelque fier qu'il puisse estre il n'est pas inuincible,
Et puisque la raison ne peut rien sur son cœur,
Esprouuez ce que peut vn bras tousiours vainqueur,
O luy, quoy que dans la Paix ie trouuasse des charmes,
Ie seray le premier à reprendre les
Et si ie demandois qu'on en
Ie demande encor plus que vous regniez
Que la Guere s'enflamme & jamais ne finisse,
La Paix est trop cruelle auecque Polinice,
Sa presence aigriroit les charmes les plus doux,

Et la guerre, Seigneur, nous plaist auecque vous.
La rage d'vn Tyran est vne affreuse Guerre,
Tout ce qui luy déplaist, il le porte par terre,
Du plus beau de leur sang il priue les Estats,
Et ses moindres rigueurs sont d'horribles combats.
Tout le Peuple Thebain vous parle par ma bouche,
Ne le soûmettez pas à ce Prince farouche,
Si la Paix se peut faire il la veut comme moy,
Sur tout, si vous l'aimez, conseruez-luy son Roy.
Cependant écoutez le Prince vostre Frere,
Et s'il se peut, Seigneur, cachez vostre colere.
Mais quelqu'vn vient.

SCENE II.

ETEOCLE, CREON, ATTALE.

ETEOCLE.

HE' bien, sont-ils bien prés d'icy?
Vont-ils venir, Attale?　　ATTALE.

Ovy, Seigneur, les voicy.

CREON.

Ils ont trouué d'abord la Princesse, & la Reine,
Et bien-tost ils seront dans la chambre prochaine.

ETEOCLE.

Qu'ils entrent. Cette approche excite mon courout.
Qu'on hait vn ennemy quand il est prés de nous!

CREON.

Ah! le voicy. Fortune acheue mon ouurage,
Et liure les tous deux aux transports de leur rage.

SCENE III.

ETEOCLE, POLINICE, ANTIGONE, CREON, HEMON, IOCASTE.

M E voicy donc tantôt au comble de mes vœux,

Puisque déja le Ciel vous rassemble tous tous deux.
Vous reuoyez vn Frere, aprés deux ans d'absence,
Dans ce mesme Palais où vous pristes naissance,
Et moy par vn bon-heur où ie n'osois penser,
L'vn & l'autre à la fois ie vous puis embrasser.
Commencez donc, mes Fils, cette vnion si chere,
Et que chacun de vous reconnoisse son Frere,
Tous deux dans vostre Frere enuisagez vos traits;
Mais pour en mieux juger voyez les de plus prés.
Sur tout que le sang parle & fasse son office,
Approchez, Eteocle, auancez Polinice.
Hé! quoy? Loin d'approcher vous reculez tous deux?
D'où vient ce sombre accüeil, & ces regards fascheux?
N'est-ce point que chacun d'vne ame irresoluë,
Pour saluër son Frere, attend qu'il le saluë,
Et qu'affectant l'honneur de ceder le dernier,
L'vn ny l'autre ne veut s'embrasser le premier?
Estrange ambition qui n'aspire qu'au crime,
Où le plus furieux passe pour magnanime!
Le vainqueur doit rougir en ce combat honteux,
Et les premiers vaincus sont les plus genereux.
Voyons donc qui des deux aura plus de courage,
Qui voudra le premier triompher de sa rage.
Quoy vous n'en faites rien? C'est à vous d'auancer,
Et venant de si loin vous deuez commencer;
Commencez, Polinice, embrassez vostre Frere,
Et montrez...   ETEOCLE.

        Hé! Madame, à quoy bon ce mystere?
Tous ces embrassemens ne sont guere à propos
Qu'il parle, qu'il s'explique & nous laisse en repos.

POLINICE.

Quoy faut-il dauantage expliquer mes pensées?
On les peut descouurir par les choses passées,
La guerre, les combats, tant de sang épandu,
Tout cela dit assez que le trosne m'est dû.

                    F 2

ETEOCLE.

Et ces mesmes combats, & cette mesme Guerre,
Ce sang qui tant de fois a fait rougir la Terre,
Tout cela dit assez que le trofne est à moy,
Et tant que ie respire il ne peut estre à toy.

POLINICE.

Tu sçais qu'injustement tu remplis cette place.

ETEOCLE.

L'injustice me plaist pourüeu que ie t'en chasse.

POLINICE.

Si tu n'en veux sortir, tu pourras en tomber.

ETEOCLE.

Si ie tombe auec moy tu pourras succomber.

IOCASTE.

O Dieux! que ie me vois cruellement decuë!
N'auois-je tant pressé cette fatale veuë,
Que pour les desinir encor plus que jamais?
Ah! mes Fils, est-ce là comme on parle de paix?
Quittez, au nom des Dieux, ces tragiques pensées,
Ne renouuellez point vos discordes passees,
Vous n'estes pas icy dans vn champ inhumain.
Est-ce moy qui vous met les armes à la main?
Considerez ces lieux où vous pristes naissance.
Leur aspect sur vos cœurs n'a-t'il point de puissance?
C'est icy que tous deux vous receustes le jour,
Tout ne vous parle icy que de Paix & d'amour.
Ces Princes, voftre Sœur, tout condamne vos haines,
Enfin moy qui pour vous pris toufiours tant de peines,
Qui pour vous réünir immmolerois,... Helas,
Ils deftournent la tefte, & ne m'écoutent pas.
Tous deux pour s'attendrir ils ont l'ame trop dure,
Ils ne connoissent plus la voix de la Nature,
La fiere ambition qui regne dans leur cœur
N'écoute de conseils que ceux de la fureur.
Leur sang méme infecté de sa funeste haleine,
Ou ne leur parle plus, ou leur parle de haine.

à Polinice.
Et vous que ie croyois plus doux & plus soûmis...

POLINICE.
Ie ne veux rien de luy que ce qu'il m'a promis.
Il ne sçauroit regner sans se rendre parjure.

IOCASTE.
Vne extréme justice est souuent vne iniure.
Le Trosne vous est dû, ie n'en sçaurois douter,
Mais vous le renuersez en voulant y monter.
Ne vous lassez-vous point de cette affreuse guerre?
Voulez-vous sans pitié desoler cette terre,
Destruire cet Empire afin de le gagner?
Est-ce deffus des morts que vous voulez regner?
Thebes auec raison craint le regne d'vn Prince,
Qui d'vn fleuue de sang innonde sa Prouince,
Voudroit-elle obeyr à vostre injuste Loy?
Vous estes son tyran auant qu'estre son Roy.
Dieux! si deuenant grand souuent on deuient pire,
Si la vertu se perd, quand on gaigne l'Empire,
Lors que vous regnerez que serez-vous helas!
Si vous estes cruel quand vous ne regnez pas?

POLINICE.
Ah! si ie suis cruel on me force de l'estre,
Et de mes actions ie ne suis pas le Maistre,
Si ie suis violent c'est que ie suis contraint;
Et c'est injustement que le Peuple me craint.
Ie ne me connois plus en ce mal-heur extréme,
En m'arrachant au trosne on m'arrache à moy-mesme,
Tant que i'en suis dehors ie ne suis plus à moy,
Pour estre vertueux il faut que ie sois Roy.
Mais il faut en effet soulager ma Patrie,
De ses gemissemens mon ame est attendrie,
Trop de sang innocent se verse tous les jours,
Il faut de ses mal-heurs que j'arreste le cours.
Et sans faire gemir ny Thebes ny la Grece,
A l'Autheur de mes maux il faut que ie m'addresse,

Il suffit aujourd’huy de son sang ou du mien.

IOCASTE.

Du sang de voftre Frere ?　　POLINICE.

　　　　　　　　Ouy, Madame, du sien.

Il faut finir ainfi cette guerre inhumaine.
Ouy, cruel, & c’eft là le deffein qui m’ameine,
Moy-mefme à ce combat j’ay voulu t’appeller,
A tout autre qu’à toy ie craignois d’en parler.
Tout autre auroit voulu condamner ma penfée,
Et perfonne en ces lieux ne te l’euft annoncée.
Ie te l’annonce donc. C’eft à toy de prouuer,
Si ce que tu rauis tu le fçais conferuer;
Montre toy digne enfin d’vne fi belle proye.

ETEOCLE.

J’accepte ton deffein & l’accepte auec joye,
Creon fçait là-deffus quel eftoit mon defir,
J’euffe accepté le trofne auec moins de plaifir.
Ie te crois maintenant digne du Diadéme,
Et ie le vais porter au bout de ce fer mefme.

IOCASTE.

Haftez-vous donc cruels de me percer le fein,
Et commencez par moy voftre horrible deffein.
Ne confiderez pas que ie fuis voftre Mere,
Confiderez en moy celle de voftre Frere,
Si de voftre ennemy vous recherchez le fang,
Recherchez-en la fource en ce mal-heureux flanc.
Ie fuis de tous les deux la commune ennemie,
Puifque voftre ennemy reçeut de moy la vie ;
Cet ennemy fans moy ne verroit pas le jour,
S’il meurt ne faut-il pas que ie meure à mon tour?
N’en doutez point, fa mort me doit eftre commune,
Il faut en donner deux, ou n’en donner pas vne,
Et fans eftre ny doux ny cruels à demy.
Il faut me perdre ou bien fauuer voftre ennemy.
Si la vertu vous plaift, fi l’honneur vous anime,
Barbares rougiffez de commettre vn tel crime,

Ou si le crime enfin vous plaist tant à chacun,
Barbares rougissez de n'en commettre qu'vn.
Aussi bien ce n'est point que l'amitié vous tienne.
Si vous sauuez ma vie en poursuiuant la sienne,
Vous vous garderiez bien cruels de m'espargner,
Si ie vous empeschois vn moment de regner.
Polinice, est-ce ainsi que l'on traitte vne Mere?

POLINICE.

I'épargne mon pays.   IOCASTE.
Et vous tuez vn Frere.

POLINICE.

Ie punis vn meschant.   IOCASTE.
Et sa mort aujourd'huy,
Vous rendra plus coupable & méchant que luy.

POLINICE.

Faut-il que de ma main ie couronne ce traistre,
Et que de Cour en Cour j'aille chercher vn Maistre,
Qu'errant & vagabond ie quitte mes Estats,
Pour obseruer des Loix qu'il ne respecte pas?
De ses propres forfaits seray-je la victime?
Le Diadéme est-il le partage du crime?
Quel droit ou quel deuoir n'a-t'il point violé?
Et cependant il regne & ie suis exilé.

IOCASTE.

Vn exil innocent vaut mieux qu'vne Couronne,
Que le crime noircit, que le parjure donne,
Vostre bannissement vous rendra glorieux,
Et le trosne, mon Fils, vous rendroit odieux.
Si vous n'y montez pas c'est le crime d'vn autre;
Mais si vous y montez, ce sera par le vostre.
Conseruez vostre gloire.   ATINGONE.
Ah! mon Frere, en effet,
Pouuez-vous conceuoir cet horrible forfait?
Ainsi donc tout à coup l'honneur vous abandonne?
O Dieux! est-il si doux de porter la Couronne?
Et pour le seul plaisir d'en estre reuestu,

Peut-on se dépoüiller de toute sa Vertu?
Si la Vertu jamais euſt regné dans voſtre ame,
En feriez-vous au trofne vn facrifice infame?
Quand on l'ofe immoler on la connoiſt bien peu,
Et la Victime helas. l.vaut bien plus que le Dieu.

HEMON.

Seigneur, fans vous liurer à ce malheur extréme,
Le Ciel à vos defirs offre le Diadéme.
Vous pouuez fans refpandre vne goutte de fang.
Dés que vous le voudrez monter à ce haut rang.
Puifque le Roy d'Argos vous cede vne Couronne.

POLINICE.

Dois-je chercher ailleurs ce que le fang me donne?
En m'alliant chez luy n'auray-je rien porté,
Et tiendray-je mon rang de fa feule bonté?
Du trofne qui m'eſt dû, faut-il que l'on me chaffe,
Et d'vn Prince eſtranger que ie brigue la place?
Non non, fans m'abaiſfer, à luy faire la cour,
Ie veux deuoir le Sceptre à qui ie dois le jour?

HEMON.

Qu'ô le tiéne, Seigneur, d'vn Beau-pere ou d'vn Pere,
La main de tous les deux vous fera toufiours chere.

POLINICE.

Hémon, la difference eſt trop grande pour moy,
L'vn me feroit efclaue. & l'autre me fait Roy.
Quoy ma grandeur feroit l'ouurage d'vne Femme?
D'vn éclat fi honteux ie rougirois dans l'ame,
Le Trofne fans l'amour me feroit donc fermé?
Ie ne regnerois pas fi l'on ne m'euſt aimé?
Ie veux m'ouurir le Trofne, ou jamais n'y paroiſtre,
Et quand j'y monteray j'y veux monter en Maiſtre,
Que le peuple à moy feul foit forcé d'obeyr,
Et qu'il me foit permis de m'en faire haïr.
Enfin de ma grandeur ie veux eſtre l'arbitre,
Eſtre Roy, cher Hemon, & l'eſtre à juſte titre,
Que le Sang me couronne, ou s'il ne fuffit pas,

Ie veux

Ie veux à son secours n'appeller que mon bras.
IOCASTE.
Faites plus tenez tout de vostre grand courage,
Que vostre bras tout seul fasse vostre partage,
Et desdaignant les pas des autres Souuerains,
Soyez, mon Fils, soyez l'ouurage de vos mains,
Par d'illustres exploits couronnez-vous vous-mesme,
Qu'vn superbe laurier soit vostre Diadéme;
Regnez & triomphez, & joignez à la fois,
La gloire des Heros à la Pourpre des Roys.
Quoy? vostre ambition seroit-elle bornée,
A regner tour à tour l'espace d'vne année?
Cherchez à ce grand cœur que rien ne peut dompter,
Quelque Trosne où vous seul ayez droit de monter.
Mille Sceptres noueaux s'offrent à vostre épée,
Sans que d'vn sang si cher nous la voyons trempée,
Vos triomphes pour moy n'auront rien que de doux,
Et vostre Frere mesme ira vaincre auec vous.
POLINICE.
Vous voulez que mon cœur flaté de ces chimeres,
Laisse vn vsurpateur au trosne de mes Peres?
IOCASTE.
Si vous luy souhaittez en effet tant de mal,
Esleuez-le vous-mesme à ce trosne fatal.
Ce trosne fut tousiours vn dangereux abysme,
La foudre l'enuironne aussi bien que le crime,
Vostre Pere & les Roys qui vous ont deuancez,
Si-tost qu'ils y montoient s'en sont veus renuersez.
POLINICE.
Quand ie deurois au Ciel rencontrer le tonnerre,
I'y monterois plûtost que de ramper à terre,
Mon cœur jaloux du sort de ces grands mal-heureux,
Veut s'éleuer, Madame, & tomber auec eux.
ETEOCLE.
Ie sçauray t'épargner vne chûte si vaine. POLIN.
Ah! ta chûte bien-tost précedera la mienne.

IOCASTE.

Mon Fils son regne plaift.   POLINICE.

                    Mais il m'eft odieux.

IOCASTE.

Il a pour luy le Peuple.   POLINICE.

               Et j'ay pour moy les Dieux.

ETEOCLE.

Les Dieux de ce haut rang te vouloient interdire,
Puis qu'ils m'ont eleué le premier à l'Empire;
Ils ne fçauoient que trop lors qu'ils firent ce choix,
Qu'on veut regner touſiours quand on regne vne fois
Iamais deſſus le trofne on ne vit plus d'vn Maiſtre,
Il n'en peut tenir deux quelque grãd qu'il puiſſe étre;
L'vn des deux toſt ou tard fe verroit renuerſé,
Et d'vn autre foy-mefme on y feroit preſſé.
Iugez donc par l'horreur que ce meſchant me donne,
Si ie puis auec luy partager la Couronne.

POLINICE.

Et moy ie ne veux plus tant tu m'es odieux,
Partager auec toy la lumiere des Cieux.

IOCASTE.

Allez donc, j'y confens, allez perdre la vie,
A ce cruel combat tous deux ie vous conuie,
Puiſque tous mes efforts ne fçauroient vous changer,
Que tardez-vous ? Allez vous perdre & me vanger.
Surpaſſez s'il se peut les crimes de vos Peres,
Montrez en vous tuant comme vous eſtes Freres,
Le plus grand des forfaits vous a donné le jour,
Il faut qu'vn crime égal vous l'arrache à ſon tour.
Ie ne condamne plus la fureur qui vous preſſe,
Ie n'ay plus pour mon ſang ny pitié ny tendreſſe,
Voſt e exemple m'appreud à ne le plus cherir,
Et moy ie vais cruels vous apprendre à mourir.

CREON.

Heureux emportement!   ANTIGONE.

               Helas ! rien ne les touche.

HEMON.

Rien ne peut ébranler leur constance farouche.

ANTIGONE.

Princes . . .   **ETEOCLE.**

Pour ce combat choisisons quelque lieu.

POLINICE.

Courons. Adieu, ma Sœur.   **ETEOCLE.**

Adieu, Princesse, Adieu.

ANTIGONE.

Mes Freres, arrestez, Gardes, qu'on les retienne,
Et n'obeyssez pas à leur rage inhumaine,
C'est leur estre cruels que de les contenter.

HEMON.

Madame il n'est plus rien qui les puisse arrester.

ANTIGONE.

Ah! genereux Hemon! c'est vous seul que j'implore,
Si la vertu vous plaist, si vous m'aimez encore,
Et qu'on puisse arrester leurs parricides mains,
Helas! pour me sauuer, sauuez ces inhumains.

ACTE V.
SCENE PREMIERE.

ANTIGONE seule

A Quoy te resous-tu, Princesse infortunée?
Ta Mere vient de mourir dans tes bras,
Ne sçaurois-tu suiure ses pas,
Et finir en mourant ta triste destinée?
A de nouueaux mal-heurs te veux-tu reseruer?
Tes Freres sont aux mains, rien ne les peut sauuer
De leurs cruelles armes.
Leur exemple t'anime à te percer le flanc,

Et toy seule verses des larmes,
Tous les autres versent du sang.

Quelle est de mes mal-heurs l'extrémité mortelle,
Où ma douleur doit-elle recourir ?
Dois-je viure , dois-je mourir ?
Vn Amant me retient , vne Mere m'appelle,
Dans la nuit du tombeau , ie la voy qui m'attend,
Ce que veut la raison , l'amour me le defend,
Et m'en oste l'enuie.
Que ie voy de sujets d'abandonner le jour!
Mais helas ! qu'on tient à la vie,
Quand on tient si fort à l'amour !

Ouy tu retiens , Amour , mon ame fugitiue,
Ie reconnoy la voix de mon Vainqueur,
L'esperance est morte en mon cœur,
Et cependant tu vis , & tu veux que ie viue.
Tu dis que mon amour me suiuroit au tombeau,
Que ie dois de mes jours conseruer le flambeau,
Pour sauuer ce que j'aime.
Hemon, voy le pouuoir que l'amour a sur moy,
Ie ne viurois pas pour moy-mesme,
Et ie veux bien viure pour toy.

Si Iamais tu doutas de ma flame fidelle …
Mais voicy du combat la funeste nouuelle.

SCENE   II.

ANTIGONE, OLYMPE.
ANTIGONE.

HE' bien, ma chere Olympe , as-tu veu ce forfait?
OLYMPE.

I'y suis couruë en vain , c'en estoit déja fait.
Du haut de nos rempars j'ay veu descendre en larmes,

Le Peuple qui couroit & qui crioit aux armes,
Et pour vous dire enfin d'où venoit sa terreur,
Le Roy n'est plus, Madame, & son Frere est vainqueur
On parle aussi d'Hemon, on dit que son courage,
S'est efforcé long-temps de suspendre leur rage,
Mais que tous ses efforts ont esté superflus,
C'est ce que j'ay compris de mille bruits confus.

ANTIGONE

Ah ! ie n'en doute pas, Hémon est magnanime,
Son grand cœur eut toûjours trop d'horreur pour le
Ie l'auois conjuré d'empescher ce forfait,   (crime,
Et s'il l'auoit pû faire, Olympe, il l'auroit fait.
Mais helas ! leur fureur ne pouuoit se contraindre,
Dans des ruisseaux de sang elle vouloit s'éteindre:
Princes dénaturez, vous voilà satisfaits,
La mort seule entre vous pouuoit mettre la Paix.
Le Trosne pour vous deux auoit trop peu de place,
Il falloit entre vous mettre vn plus grand espace,
Et que le Ciel vous mist pour finir vos discords,
L'vn parmy les viuans, l'autre parmy les morts.
Infortunez tous deux, dignes qu'on vous déplore,
Moins mal-heureux pourtant que ie ne suis encore,
Puisque de tous les maux qni sont tombez sur vous,
Vous n'en sentez aucun, & que ie les sens tous.
Quand on est au tôbeau tous nos tourmens s'appaisent
Quand on est furiéux tous nos crimes nous plaisent,
Des plus cruels mal-heurs le trépas vient à bout,
La fureur ne sent rien, mais la douleur sent tout.
Cette viue douleur dont ie suis la victime
Ressent la mort de l'vn, & de l'autre le crime,
Le sort de tous les deux me deschire le cœur,
Et plaignant le vaincu, ie pleure le Vainqueur.
A ce cruel Vainqueur quel acüeil dois-je faire ?
S'il est mon Frere, Olympe, il a tué mon Frere,
La nature est confuse & se tait aujourd'huy,
Elle n'ose parler pour luy ny contre luy.

OLYMPE.

Mais pour vous ce malheur est vn moindre supplice,
Que si la mort vous eust enleué Polinice,
Ce Prince estoit l'objet qui faisoit tous vos soins,
Les interests du Roy vous touchoient beaucoup moins

ANTIGONE.

Il est vray ie l'aimois d'vne amitié sincere,
Ie l'aimois beaucoup plus que ie n'aimois son Frere,
Et ce qui le rendoit agreable à mes yeux,
Il estoit vertueux, Olympe, & malheureux.
Mais helas ! ce n'est plus ce cœur si magnanime,
Et c'est vn criminel qu'a couronné son crime,
Son Frere plus que luy commence à me toucher,
Deuenant mal-heureux, il m'est deuenu cher.

OLYMPE.

Creon vient.   ANTIGONE.

Il est triste, & j'en connois la cause,
Au couroux du Vainqueur la mort du Roy l'expose,
C'est de tous nos mal-heurs l'autheur pernicieux.

SCENE   III.

ANTIGONE, CREON, ATTALE, OLYMPE,

CREON.

MAdame, qu'ay-je appris, en entrant dans ces
lieux ?
Est-il vray que la Reine...   ANTIGONE.

Ouy, Creon elle est morte.

CREON.

O Dieux! Puis-je sçauoir de quelle estrange sorte,
Ses jours infortunez ont esteint leur flambeau?

OLYMPE.

Elle-mesme, Seigneur, s'est ouuert le tombeau,
Et s'estant d'vn poignard en vn moment saisie,
Elle en a terminé ses mal-heurs & sa vie.

ANTIGONE.

Elle a sçeu preuenir la perte de son Fils.

CREON.

Ah ! Madame, il est vray que les Dieux ennemis ...

ANTIGONE.

N'imputez qu'à vous seul la mort du Roy mon Frere,
Et n'en accusez point la celeste colere,
A ce combat fatal vous seul l'auez conduit,
Il a crû vos conseils, sa mort en est le fruit.
Ainsi de leurs flateurs les Roys sont les Victimes,
Vous auancez leur perte en approuuant leur crimes,
De la cheute des Roys vous estes les Auteurs,
Mais les Roys en tombant entraisnent leurs flateurs.
Vous le voyez, Creon, sa disgrace mortelle,
Vous est funeste autant qu'elle nous est cruelle,
Le Ciel en le perdant s'en est vangé sur vous,
Et vous auez peut-estre à pleurer comme nous.

CREON.

Madame, ie l'auoüë, & les destins contraires,
Me font pleurer deux Fils si vous pleurez deux Freres

ANTIGONE

Mes Freres & vos Fils ? Dieux que veut ce discours?
Quelqu'autre qu'Eteocle a-t'il finy ses jours?

CREON.

Mais ne sçauez-vous pas cette sanglante histoire.

ANTIGONE.

I'ay sçeu que Polinice a gaigné la Victoire,
Et qu'Hemon a voulu les separer en vain.

CREON.

Madame, ce combat est bien plus inhumain.
Vous ignorez encor mes pertes & les vostres,
Mais helas ! apprenés les vnes & les autres.

ANTIGONE.

Rigoureuse Fortune, acheue ton couroux,
Ah! sans doute voicy le dernier de tes coups.

CREON.

Vous auez veu, Madame, auec quelle furie,
Les deux Princes fortoient pour s'arracher la vie,
Que d'vne égale ardeur ils y couroient tous deux,
Et que jamais leurs cœurs ne s'accorderent mieux.
La foif de fe baigner dans le fang de leur Frere,
Faifoit ce que jamais le fang n'auoit fçeu faire,
Par l'excez de leur haine ils fembloient réünis,
Et prefts à s'égorger ils paroiffoient amis.
Ils ont choifi d'abord pour leur camp de bataille,
Vn lieu prés des deux camps, au pied de la muraille;
C'eft là que reprenant leur premiere fureur,
Ils commencent enfin ce combat plein d'horreur.
D'vn gefte menaçant, d'vn œil brûlant de rage,
Dans le fein l'vn de l'autre ils cherchent vn paffage,
Et la feule fureur précipitant leur bras,
Tous deux femblent courir au deuant du trépas.
Mon Fils qui de douleur en foûpiroit dans l'ame,
Et qui fe fouuenoit de vos ordres, Madame,
Se jette au milieu d'eux & mefprife pour vous,
Leurs ordres abfolus qui nous retenoient tous.
Il leur retient les bras, les repouffe, les prie,
Et pour les feparer s'expofe à leur furie,
Mais il s'efforce en vain d'en arrefter le cours,
Et ces deux Furieux fe r'aprochent toufiours.
Il tient ferme pourtant & ne perd point courage,
De mille coups mortels il deftourne l'orage,
Iufqu'à ce que du Roy le fer trop rigoureux,
Soit qu'il cherchaft fon Frere, ou ce Fils mal-heu-
   reux,
Le renuerfe à fes pieds preft à rendre la vie.

ANTIGONE.

Et la douleur encor ne me l'a pas rauie!

CREON.

I'y cours, ie le releue, & le prens dans mes bras,
Et me reconnoiffant, ie meurs, dit-il tout bas,

Trop

Trop heureux d'expirer pour ma belle Princesse,
En vain à mon secours vostre amitié s'empresse,
C'est à ces furieux que vous deuez courir,
Separez-les, mon Pere, & me laissez mourir.
Il expire à ces mots. Ce barbare spectacle,
A leur noire fureur n'apporte point d'obstacle,
Seulement Polinice en paroist affligé,
Attens, Hemon, dit-il, tu vas estre vangé.
En effet sa douleur renouuelle sa rage,
Et bien-tost le combat tourne à son auantage,
Le Roy frappé d'vn coup qui luy perce le flanc,
Luy cede la Victoire & tombe dans son sang.
Les deux Camps aussi-tost s'abandonnent en proye,
Le nostre à la douleur & les Grecs à la joye,
Et le Peuple allarmé du trépas de son Roy,
Sur le haut de ses tours tesmoigne son effroy.
Polinice tout fier du succez de son crime,
Regarde auec plaisir expirer sa Victime,
Dans le sang de son Frere il semble se baigner,
Et tu meurs, luy dit-il, & moy ie vais regner.
Regarde dans mes mains l'Empire & la Victoire,
Va rougir aux Enfers de l'excez de ma gloire,
Et pour mourir encor auec plus de regret,
Traistre songe en mourant que tu meurs mon Sujet.
En acheuaut ces mots d'vne démarche fiere,
Il s'approche du Roy couché sur la poussiere,
Et pour le desarmer il auance le bras.
Le Roy qui semble mort obserue tous ses pas,
Il le voit, il l'attend, & son ame irritée,
Pour quelque grand dessein semble s'estre arrestée,
L'ardeur de se vanger flate encor ses desirs,
Et retarde le cours de ses derniers soûpirs.
Prest à rendre la vie il en cache le reste,
Et sa mort au Vainqueur est vn piege funeste,
Et dans l'instant fatal que ce Frere inhumain,
Luy veut oster le fer qu'il tenoit à la main,

Il luy perce le cœur, & son ame rauie,
En acheuant ce coup abandonne la vie.
Polnice frappé fait vn cry dans les airs,
Et son ame en couroux s'enfuit dans les Enfers.
Tout mort qu'il est, Madame, il garde sa colere,
Et l'on diroit qu'encore il menace son Frere,
Son visage où la mort a répandu ses traits,
Demeure plus terrible & plus fier que jamais.

ANTIGONE.

Fatale ambition, aueuglement funeste,
D'vn Oracle cruel suite trop manifeste,
De tout le sang Royal il ne reste que nous,
Et plust aux Dieux, Creon, qu'il ne restast que vous,
Et que mon desespoir preuenant leur colere,
Eust suiuy de plus prés le trepas de ma Mere.

CREON.

Il est vray que des Dieux le couroux embrazé,
Pour nous faire perir semble s'estre épuisé;
Car enfin sa rigueur, vous le voyez, Madame,
Ne m'accable pas moins qu'elle afflige vostre ame,
En m'arrachant mes Fils …

ANTIGONE.

Ah! vous regnez, Creon,
Et le Trosne aisément vous console d'Hemon.
Mais laissez-moy de grace vn peu de solitude,
Et ne contraignez point ma triste inquietude,
Aussi bien mes chagrins passeroient jusqu'à vous,
Vous treuuerez ailleurs des entretiens plus doux.
Le Trosne vous attend, le Peuple vous appelle,
Goustez tout le plaisir d'vne grandeur nouuelle,
Adieu, nous ne faisons tous deux que nous gesner,
Ie veux pleurer, Creon, & vous voulez regner.

CREON, arrestant Antigone.

Ah! Madame, regnez & montez sur le Trosne,
Ce haut rang n'appartient qu'à l'illustre Antigone.

ANTIGONE.

Il me tarde déja que vous ne l'occupiez,
La Couronne est à vous.

CREON.

Ie la mets à vos pieds.

ANTIGONE.

Ie la refuserois de la main des Dieux mesme,
Et vous osez, Creon, m'offrir le Diadéme.

CREON.

Ie sçay que ce haut rang n'a rien de glorieux,
Qui ne cede à l'honneur de l'offrir à vos yeux.
D'vn si noble destin ie me connois indigne,
Mais si l'on peut pretendre à cette gloire insigne,
Si par d'illustres faits on la peut meriter,
Que faut-il faire enfin, Madame ?

ANTIGONE.

M'imiter.

CREON.

Que ne ferois-je point pour vne telle grace,
Ordonnez seulement ce qu'il faut que ie fasse,
Ie suis prest ...

ANTIGONE en s'en allant.

Nous verrons.

CREON la suiuant.

I'attens vos loix icy.

ANTIGONE en s'en allant.

Attendez.

H 2

SCENE   IV.

CREON, ATTALE.
ATTALE.

SOn couroux seroit-il addoucy?
Croyez-vous la fléchir ?

CREON.

Ouy ouy, mon cher Attale,
Il n'est point de fortune à mon bon-heur égale,
Et tu vas voir en moy dans ce jour fortuné,
L'ambitieux au Trosne & l'amant couronne.
Ie demandois au Ciel la Princesse & le Trosne,
Il me donne le Sceptre, il m'accorde Antigone,
Pour couronner ma teste, & ma flame en ce jour,
Il arme en ma faueur & la haine & l'amour:
Il allume pour moy deux passions contraires,
Il attendrit la Sœur, il endurcit les Freres,
Il aigrit leur couroux, il fléchit sa rigueur,
Et m'ouure en mesme temps & leur Trosne & son
        cœur.

ATTALE.

Il est vray, vous auez toute chose prospere,
Et vous seriez heureux si vous n'estiez point Pere,
L'ambition, l'amour n'ont rien à desirer,
Mais, Seigneur, la nature a beaucoup à pleurer,
En perdant vos deux Fils . . .

CREON.

Ouy, leur perte m'afflige,
Ie sçay ce que de moy le rang de Pere exige.
Ie l'estois. Mais sur tout, j'estois né pour regner.

Et ie pers beaucoup moins que ie ne crois gaigner,
Le nom de Pere, Attale, eſt vn titre vulgaire,
C'eſt vn don que le Ciel ne nous refuſe guere,
Vn bon-heur ſi commun n'a pour moy rien de doux,
Ce n'eſt pas vn bon-heur s'il ne fait des jaloux.
Mais le Troſne eſt vn bien dont le Ciel eſt auare,
Du reſte des Mortels ce haut rang nous ſepare,
Bien peu ſont honorez d'vn don ſi précieux,
La Terre a moins de Roys que le Ciel n'a de Dieux.
D'ailleurs tu ſçais qu'Hemon adoroit la Princeſſe,
Et qu'elle eut pour ce Prince vne extrême tendreſſe,
S'il viuoit, ſon amour au mien ſeroit fatal,
En me priuant d'vn Fils le Ciel m'oſte vn Riual,
Ne me parle donc plus que de ſujets de joye,
Souffre qu'à mes tranſports ie m'abandonne en proye
Et ſans me rappeller des Ombres dés Enfers,
Dy-moy ce que ie gaigne, & non ce que ie perds.
Parle moy de regner, parle moy d'Antigone,
I'auray bien-toſt ſon cœur, & j'ay déja le Troſne;
Tout ce qui s'eſt paſſé n'eſt qu'vn ſonge pour moy,
I'eſtois Pere & Sujet, ie ſuis Amant & Roy.
La Princeſſe & le Troſne ont pour moy tant de char-
    mes,
Que... Mais Olympe vient.
ATTALE.
Dieux, elle eſt toute en larmes.

SCENE V.

CREON, OLYMPE, ATTALE.

OLYMPE.

QV'attendez-vous, Seigneur, la Princesse n'est
plus.

CREON.

Elle n'est plus, Olympe?

OLYMPE.

Ah ! regrets superflus!
Elle n'a fait qu'entrer dans la chambre prochaine,
Et du mesme poignard dont est morte la Reine,
Sans que ie pulse voir son funeste dessein,
Cette fiere Princesse a percé son beau sein.
Elle s'en est, Seigneur, mortellement frappée,
Et dans son sang, helas ! elle est soudain tombée,
Iugez à cet objet ce que j'ay dû sentir.
Mais sa belle ame enfin toute preste à sortir.
Cher Hémon, c'est à toy que ie me sacrifie,
Dit-elle, & ce moment a terminé sa vie.
J'ay senty son beau corps tout froid entre mes bras,
Et j'ay crû que mon ame alloit suiure ses pas,
Heureuse mille fois si ma douleur mortelle,
Dans la nuit du tombeau m'eust plongée auec elle.

SCENE VI.

CREON, ATTALE.

CREON.

ET vous mourez ainsi, beau sujet de mes feux,
Et vous-mesme, cruelle, esteignez vos beaux yeux?
Vous fermés pour jamais ces beaux yeux que j'adore,
Et pour ne me point voir vous les fermez encore,
Quoy qu'Hemon vous fut cher, vous courez au trépas
Bien plus pour m'éuiter que pour suiure ses pas.
Mais dûssiez-vous encor m'estre aussi rigoureuse,
Ma presence aux Enfers vous fust-elle odieuse,
Dût aprés le trépas viure vostre couroux,
Inhumaine, ie vais y descendre aprés vous.
Vous y verrez tousiours l'objet de vostre haine,
Et tousiours mes souspirs vous rediront ma peine,
Ou pour vous adoucir, ou pour vous tourmenter,
Et vous ne pourrez plus mourir pour m'éuiter.
Mourons donc . . .

ATTALE, & des Gardes.

Ah! Seigneur, quelle cruelle enuie,

CREON.

Ah! c'est m'assassinner que me sauuer la vie,
Amour, rage, transports, venez à mon secours,
Venez & terminez mes détestables jours,
De ces cruels amis trompez tous les obstacles.
Toy justifie, ô Ciel, la foy de tes Oracles,
Ie suis le dernier sang du mal-heureux Laïus,
Perdez-moy, Dieux cruels, ou vous serez deceux
Reprenez, reprenez cet Empire funeste,
Vous m'ostez Antigone, ostez-moy tout le reste,

Le Trofne & vos prefens excitent mon couroux,
Vn coup de foudre eft tout ce que je veux de vous.
Accordez-le à mes vœux , accordez-le à mes crimes,
Ajouftez mon fupplice à tant d'autres Victimes,
Mais en vain ie vous preffe , & mes propres forfaits,
Me font déja fentir tous les maux que j'ay faits,
Polinice , Eteocle , Iocafte , Antigone,
Mes Fils , que j'ay perdus pour m'éleuer au Trofne,
Tant d'autres mal-heureux dont j'ay caufé les maux,
Font déja dans mon cœur l'office des bourreaux.
Arreftez , mon trépas va vanger voftre perte,
La foudre va tomber , la Terre eft entr'ouuerte.
Ie reffens à la fois mille tourmens diuers,
Et ie m'en vais chercher du repos aux Enfers.

Il tombe entre les mains des Gardes.

F I N.

9 782329 685113